新疆新型牧业经营主体培育发展研究

李 捷 王 惠 王 琼 主编

中国农业出版社
北 京

本成果由新疆维吾尔自治区科学技术厅科技支撑项目“新疆新型牧业经营主体培育政策研究”(2016D07017)、新疆维吾尔自治区党委农村工作办公室科技兴农项目“一二三产融合发展模式研究”、中国农业科学院农业经济与发展研究所项目“中国农村微观经济研究”等资助。

编写人员

主　编：李　捷　王　惠　王　琼

参　编：马永仁　张建勋　温希军　鲁云峰　王田田
合斯莱提·斯马依　刘金定　杨　志　薛晓波
许承云　苏尤力其米克　刘娜娜　阿依夏木
阿玛古丽·朱马汉　肖海龙　陈俊科　张玉华

前言

随着我国经济的快速发展，牧区生产和生活方式也发生了巨大的转变，城镇化水平不断提高，传统畜牧业生产者的经营模式、管理方式也正在逐渐被更适合市场需求的新型牧业经营体取代。作为三产中的弱势产业，畜牧业具有比较效益低、产业链长、受影响因素多等基本特征。除自然条件影响外，还受到人类经济社会发展等活动的影响，不仅种植业的政策实施和产业变动会影响畜牧业的发展，而且工业化、城镇化建设，自由贸易和关税等政策也会对畜牧业发展带来一定的冲击和影响。如何利用政策来充分发挥牧业经营体的生产效率和带动作用，对促进产业发展也是至关重要的内容。李克强总理在2017年12月13日的国务院常务会议上指出，培育新型农业经营主体，加快发展现代农业，是落实党的十九大精神、实施乡村振兴战略的重要内容，并反复强调通过股份合作、家庭农场、专业合作等多种形式发展现代农业是大方向，要完善对新型经营主体的扶持政策，培养新型职业农民，促进现代农业发展和农民增收。确定要实施新型农业经营主体培育工程，扶持一二三产业融合，适度规模经营多样、社会化服务支撑、与“互联网+”紧密结合的各类新型主体，更好带动小农生产和现代农业发展有机衔接。2019年2月，中共中央办公厅、国务院办公厅印发《关于促进小农户和现代农业发展有机衔接的意见》，认为“发展多种形式适度规模经营，培育新型农业经营主体，是增加农民收入、提高农业竞争力的有效途径，是建设现代农业的前进方向和必由之路。但也要看到，我国人多地少，各地农业资源禀赋条件差异很大，很多丘陵山区地块零散，不是短时间内能全面实行规模化经营，也不是所有地方都能实现集中连片规模经营。当前和今后很长一个时期，小农户家庭经营将是我国农业的主要经营方式。”

中共中央办公厅、国务院办公厅《关于促进小农户和现代农业发展有机衔接的意见》在提高小农户组织化程度中提出“一是引导小农户开展合作与联合。支持小农户通过联户经营、联耕联种、组建合伙农场等方式联合开展生产，共同购置农机、农资，接受统耕统收、统防统治、统销统结等服务，降低生产经营成本。支持小农户在发展休闲农业、开展产品营销等过程中共享市场资源，实现互补互利。引导同一区域、同一产业的小农户依法组建产业协会、联合会，共同对接市场，提升市场竞争能力。支持农村集体经济组织和合作经济组织利用土地资源、整合涉农项目资金、提供社会化服务等，引领带动小农户发展现代农业。二是创新合作社组织小农户机制。坚持农户成员在合作社中的主体地位，发挥农户成员在合作社中的民主管理、民主监督作用，提升合作社运行质量，让农户成员切实受益。鼓励小农户利用实物、土地经营权、林权等作价出资办社入社，盘活农户资源要素。财政补助资金形成的资产，可以量化到小农户，再作为入社或入股的股份。支持合作社根据小农户生产发展需要，加强农产品初加工、仓储物流、市场营销等关键环节建设，积极发展农户+合作社、农户+合作社+工厂或公司等模式。健全盈余分配机制，可分配盈余按照成员与合作社的交易量（交易额）比例、成员所占出资份额统筹返还，并按规定完成优先支付权益，使小农户共享合作收益。扶持农民用水合作组织多元化创新发展。支持合作社依法自愿组建联合社，提升小农户合作层次和规模。三是发挥龙头企业对小农户带动作用。完善农业产业化带农惠农机制，支持龙头企业通过订单收购、保底分红、二次返利、股份合作、吸纳就业、村企对接等多种形式带动小农户共同发展。鼓励龙头企业通过公司+农户、公司+农民合作社+农户等方式，延长产业链、保障供应链、完善利益链，将小农户纳入现代农业产业体系。鼓励小农户以土地经营权、林权等入股龙头企业并采取特殊保护，探索实行农民负盈不负亏的分配机制。鼓励和支持发展农业产业化联合体，通过统一生产、统一营销、信息互通、技术共享、品牌共创、融资担保等方式，与小农户形成稳定利益共同体”。同时提出要健全面向小农户的社会化服务体系，完善小农户扶持政策。这些政策的出台与实施，为进一步完善新疆新型牧业经营体培育和发展措施的制定奠定了坚实的政策基础和措施引导。

从传统意义来看，新疆牧业经营体大多以满足当地需求为主，规模小，市场覆盖面窄，难以和国内乃至国际市场进行对接，畜产品商品率较低。研究认为新型牧业经营体应该是适应当地资源禀赋（非模式化的）、多元融合、专业化分工协作、符合食品安全和生产加工标准、与市场连接紧密、（畜产品）商品率高、能够盈利的经营体。只有能盈利的经营体才能有持续发展的基础和带动产业发展的实力，进而实现回报和承担服务社会的义务和责任。

新疆地处祖国西部边陲，呈三山加两盆的地势分布和垂直地带特征，不仅南北疆之间资源禀赋明显不同，即便在同一地区也因地域辽阔有着不同的资源禀赋和生产生活特性。虽然在新疆畜牧业发展中存在资源短缺、生态环境压力加大、畜牧业投融资体系和现代服务体系不完善、畜牧业发展体制和机制相对滞后以及牧业经营体发展规模小、产业链短等现实问题，但依然具有新疆畜产品产地优势、欧亚大陆桥的区位优势和“一带一路”发展机遇。本研究拟在调查分析制约新疆新型牧业经营主体发展的因素、探索正确处理适度规模经营和新型经营体扶持的路径与措施，同时提出促进新疆新型牧业经营主体发展的模式和对策建议，对完善新型牧业经营体的扶持政策、加强社会化服务，从而提高牧民收入、增长牧区经济和牧业转型发展，并引导小农户走上现代农业发展轨道具有十分重要的理论和现实意义。

本书的出版得到新疆维吾尔自治区科学技术厅科技支撑项目“新疆新型牧业经营主体培育政策研究”、自治区党委农村工作办公室科技兴农项目“一二三产融合发展模式研究”、中国农业科学院农业经济与发展研究所“中国农村微观经济研究”项目的支持。感谢新疆畜牧兽医局、新疆畜牧科学院领导、专家在项目调研过程中给予的支持、协调和指导；感谢县乡畜牧兽医局、相关企业、合作社、养殖户在项目调研时的支持和配合；感谢新疆农业大学经管学院博士生马永仁、张建勋、陈俊科等完成了本书第五章节的编写和在课题数据分析中的付出；感谢调研中畜牧业经济与信息研究所合斯莱提·斯马依、玉山江·司马义、谢仁古丽·赛买提、阿玛古丽·朱马汉等人的民汉语言翻译工作；感谢课题组成员温希军、鲁云峰、许承云、杨志、薛晓波、刘金定、王田田、合斯莱提·斯马依、阿依夏木等同事在项目调研、文献信息收集和整理等工作中的付出。课题主持人李捷，主要执行人王惠、王琼三人对本书进行了统稿，受作者水平及调研范围和数据获取方式等因素影响，本书难免有不妥之处，敬请读者批评指正。

编　者

目录

第一章　新疆畜牧业基本概况

新疆土地总面积为16 648.97万公顷，占全国总面积的1/6，分别和蒙古国、俄罗斯、哈萨克斯坦、吉尔吉斯斯坦、塔吉克斯坦、阿富汗、巴基斯坦和印度等国家接壤，是我国邻国数量最多的省区。新疆地处东亚西部，是连接西亚、非洲和欧洲地区的交通要道，具有连接东西的优越地理位置，是我国古代丝绸之路和“一带一路”的重要组成部分，因此近年来其政治、经济地位愈发突出。畜牧业是新疆最具特色的传统产业之一，也是新疆农业经济的重要组成部分，更是广大农牧民特别是少数民族牧民赖以生存的主要经济收入来源，新疆畜牧业的发展直接影响着新疆的经济发展和社会稳定。

一、自然资源

新疆位于北纬34°25′～49°10′、东经73°40′～96°23′，远离海洋，深居内陆，四周有高山阻隔，海洋气流不易到达，形成明显的温带大陆性气候。气温温差较大，年平均气温10.6℃，日照时间充足（年日照时间达2 500～3 500小时），气候干燥，年平均降水量为163.3毫米左右，整体降水量少，但各地降水量相差很大。形如“疆”字，横亘于中部的天山将新疆分为南北两个部分，俗称南疆地区和北疆地区。北部与阿勒泰山之间为准噶尔盆地，南部与天山之间为塔里木盆地。天山以北的北疆受到来自大西洋水汽以及西伯利亚气流的影响，气候相对湿润，拥有大面积草场、湖泊、森林，农业生产长期以来多以草原畜牧业生产为主。南疆的气温高于北疆，北疆的降水量高于南疆。天山以南的南疆高原、沙漠居多，有塔里木盆地和塔克拉玛干沙漠，同时受到天山海拔过高的影响，暖气流无法进入南疆地区，因此该地区气候干燥、炎热，降水量少，农业生产多以种植业和农区畜禽养殖业为主。2018年新疆统计年鉴数据显示，截至2017年年末，新疆农用地面积为6 308.48万公顷，其中牧草地面积为5 111.38万公顷，占农用地面积的81.02%，由此可见，新疆自然资源条件在畜牧业发展中有着得天独厚的优势。

表1-1　2017年新疆各地、州、市草地资源分布情况

地　区	天然草地面积 (公顷)	可利用面积 (公顷)	人口数 (人)	人均天然草地面积 (公顷/人)
乌鲁木齐市	619 833	588 813	2 226 200	0.28
喀什地区	3 411 193	2 871 313	4 649 700	0.73
和田地区	2 627 173	2 475 561	2 522 800	1.04
吐鲁番市	735 620	665 181	637 300	1.15
伊犁州直属县（市）	3 419 533	3 104 267	2 936 400	1.16
克拉玛依市	481 767	339 680	307 400	1.39
阿克苏地区	3 539 100	3 335 427	2 545 800	1.57
博尔塔拉蒙古自治州	1 668 860	1 625 380	475 400	3.51
昌吉回族自治州	5 576 467	5 057 434	1 406 100	3.97
克孜勒苏柯尔克孜自治州	3 302 827	3 029 313	620 600	5.32
塔城地区	7 033 847	5 720 386	1 009 000	6.97

（续）

地　区	天然草地面积（公顷）	可利用面积（公顷）	人口数（人）	人均天然草地面积（公顷/人）
哈密市	3 982 100	3 714 833	561 100	7.10
巴音郭楞蒙古自治州	11 018 060	8 239 953	1 241 300	8.88
阿勒泰地区	9 842 387	7 239 300	671 600	14.66

数据来源：天然草地面积和可利用面积来源于《中国草地资源数据》，人口数来源于《新疆统计年鉴2018》。

据表1-1可见，新疆天然草地面积最大的地区是巴音郭楞蒙古自治州、阿勒泰地区和塔城地区，主要分布在南疆北部及北疆地区，其中北疆为2 864万公顷，占全疆总面积的50%；南疆为2 390万公顷，占全疆总面积的41.7%；东疆为472万公顷，占全疆总面积的8.2%。人均天然草地面积最少的地区分别是乌鲁木齐市、喀什地区、和田地区和吐鲁番市，其中乌鲁木齐市作为省会城市，二、三产业发展更为突出，人口密度大，而南疆的喀什地区、和田地区则因为天然草地面积均处于中等偏低水平，同时又是南疆人口最多的两个地区，因此，人均天然草地面积和可利用面积均远远低于其他地区。

由于新疆南疆、北疆、东疆的气候、草地资源等自然资源禀赋不同，对其畜牧业发展品种、规模、模式等有着直接的影响。

二、人口特点

2010年第六次人口普查中，新疆总人口数为2 181.58万人，较2000年增长18.18%，其中少数民族为1 298.59万人，较2000年增长

18.38%；大专及以上人口231.53万人，较2000年增长144.61%；高中和中专人口254.56万人，较2000年增长13.24%；初中文化水平790.62万人，较2000年增长55.45%；小学文化水平656.32万人，较2000年下降6.21%；不识字或识字很少人数63.52万人，较2000年下降38.73%。

截至2018年年末，新疆总人口数为2 487万人，乡村户数324.97万户，其中牧业户数为49.41万户，乡村人口数为1 244.26万人，乡村人口增长率为−1.37%，其中牧业人口数为174.19万人，占乡村人口的14.04%。从文化程度来看，2010年第六次人口普查结果显示，全疆高中及以上文化程度为486.09万人，占总人口数的19.88%，不识字或很少识字人数63.52万人。但从地域分布来看，偏远牧区和农村高中及以上学历人数占比较低，特别是在少数民族比例高达93%以上的南疆三地州，受制于国家通用语言、文字的障碍，对这些地区人员与外界的交流、沟通产生了极大的影响，同时也延缓了当地社会经济发展的速度。

从历年来新疆人口变化数据（表1-2）可见，新疆总人口数除2018年略有下降外，总人口数和少数民族人口总数呈平稳增长趋势；随着国家城镇化建设的发展，外出务工、上学、经商等人数的增多使得乡村人口数自2014年开始呈现下降趋势；之后随着社会经济发展的变化、乡村振兴战略等政策措施的实施，返乡回村发展人员也逐步增多。

畜牧业从业者的整体文化水平较低，导致新技术、新成果、先进的管理运行模式等无法有效应用于畜牧产业生产、加工、市场化等渠道中，从而制约着该行业的整体发展水平和速度。

表1-2　历年来新疆人口数变化情况

年份	总人口（万人）	少数民族人口（万人）	城镇人口（万人）	乡村人口（万人）	少数民族人口增长率（%）	城镇人口增长率（%）	乡村人口增长率（%）
2010	2 164.44	1 332	940	1 245	—	—	—
2011	2 202.66	1 358	962	1 247	1.95	2.34	0.16
2012	2 226.05	1 379	982	1 251	1.55	2.08	0.32
2013	2 266.62	1 407	1 007	1 257	2.03	2.55	0.48
2014	2 322.55	1 463	1 059	1 240	3.98	5.16	−1.35
2015	2 321.73	1 461	1 115	1 245	−0.14	5.29	0.40
2016	2 302.32	1 475	1 159	1 239	0.96	3.95	−0.48
2017	2 286.72	1 497	1 207	1 238	1.49	4.14	−0.08
2018	2 283.46	1 483	1 266	1244	−0.94	4.89	0.48

数据来源：国家统计局国家数据网 http://data.stats.gov.cn，《新疆统计年鉴》。

近年来，随着国家脱贫攻坚进程的加速以及教育惠民政策的普及，汉语的使用率逐步提高，就读于内地新疆高中、初中班的少数民族学生汉语水平的提高也带动了当地学生学习汉语的积极性，并间接促进了学生家长汉语运用能力的提升。目前，新疆南疆地区从幼儿园开始就加强了双语教学的力度，为今后扩大居民与外界的沟通交流、拓宽就业渠道、增加收入来源奠定了良好的基础，对促进当地经济社会的稳定和发展起到了积极的促进作用。

三、畜牧业经济发展概况

新疆畜牧业立足现有基础条件和资源禀赋，不断推动畜牧业生产方式由粗放、低效的单一化生产向规模、高效的产业化经营转变，生产格局由以草原畜牧业为主向农区、草原、城郊畜牧业并举转变，发展方向由自给自足型向商品经济型转变，增长方式由依赖数量增长向质量效益型转变，逐步确立了畜牧业在农业农村经济发展和农牧民增收中的支柱地位，畜牧业综合生产能力稳步提高，畜牧业经济效益大幅提升。

2017年，新疆畜牧业总产值为685.29亿元，占农林牧渔业总产值的22.43%，较2016年增长4.92%，其中伊犁哈萨克自治州牧业产值最高，为258.85亿元，占全疆牧业总产值的37.77%，其次为昌吉回族自治州159.56亿元，喀什地区排名第三为127.54亿元。

全疆肉羊肉牛、生猪家禽、奶牛规模化养殖比例分别达到了35%、75%和40%左右。数据显示，牲畜存栏由1978年2 476.8万头（只）增加到2017年4 946.5万头（只），增幅达到99.7%，截至2017年年底，羊存栏量为4 030.5万只，牛存栏量为433万头，猪存栏量为319.87万头；牲畜出栏由1978年460.41万头（只）增加到2017年4 447.37万头（只），增幅达到865.96%，截至2017年年底，羊出栏量为3 605.6万只，牛出栏量为259.27万头，猪出栏量为495.77万头。其中，由表1-3可以看出喀什地区、伊犁州直属县（市）和阿克苏地区牲畜年底头数排名前三，分别为668.90万头（只）、622.66万头（只）和537.56万头（只）。牛年底头数排名前三的分别为伊犁州直属县（市）、阿勒泰地区和喀什地区，分别为91.64万头、59.58万头和54.9万头。羊（绵羊和山羊）年底头数排名前三的分别为喀什地区、阿克苏地区和伊犁州直属县（市），分别为583.19万只、482.51万只和470.06万只。马产业在伊犁哈萨克自治州表现最为突出，占全疆马匹数量的73.2%，驴产业主要集中在南疆的喀什地区、和田地区和阿克苏地区，其数量占全疆总数的64.8%。

表1-3　2017年年末新疆各地、州、市牲畜存栏头数

单位：头（只）

地　区	合计	牛	马	驴	猪	山羊	绵羊
喀什地区	668.90	54.90	1.21	16.91	12.18	39.84	543.35
伊犁州直属县（市）	622.66	91.64	40.99	1.76	17.53	23.35	446.71
阿克苏地区	537.56	32.20	3.75	6.01	12.10	114.99	367.52
和田地区	398.00	14.77	0.98	12.51	1.10	24.57	342.99
塔城地区	373.46	36.18	11.04	0.31	12.33	41.29	268.87
巴音郭楞蒙古自治州	355.99	15.53	6.83	1.23	22.13	50.73	258.61
阿勒泰地区	313.40	59.58	13.43	0.13	1.54	29.48	203.80
昌吉回族自治州	285.84	28.87	3.84	0.97	32.17	15.25	202.10
克孜勒苏柯尔克孜自治州	176.95	16.08	1.94	2.39	0.22	32.88	122.60
哈密市	117.76	7.69	2.03	1.11	6.22	16.09	83.22
博尔塔拉蒙古自治州	115.97	7.72	1.78	0.17	3.07	8.17	94.68
吐鲁番市	89.67	4.16	0.27	1.52	1.14	4.55	77.77
乌鲁木齐市	78.90	10.93	2.70	0.34	6.42	11.09	46.64
克拉玛依市	12.22	0.73	0.08	0.02	4.48	0.77	6.02

数据来源：《新疆统计年鉴2018》。

2017年年底，新疆肉类总产量为162.84万吨，年均增长7.5%。除羊肉产量几乎与2016年持平外，其余肉蛋奶产量均略高于2016年水平，但增幅不大。近十年来，除在2009年有一个下降拐点外，其余年份均保持小幅波动缓慢增长态势。禽蛋产量为37.37万吨，牛奶产量为160.36万吨。牛肉、羊肉、猪肉、牛奶和禽肉产量分别为43.04万吨、58.24万吨、35.8万吨、160.36万吨和37.37万吨（图1-1）。

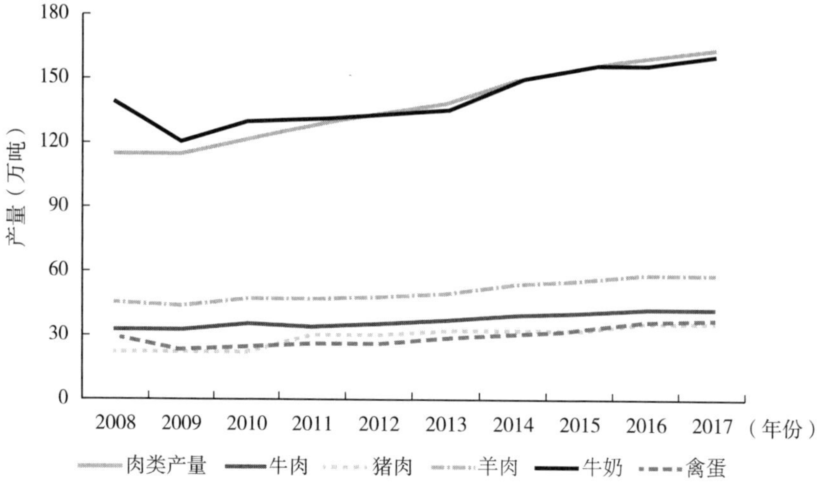

图1-1　2008—2017年新疆主要畜产品产量趋势

至2017年年底，全疆累计建成标准化规模养殖场（小区）5 000多家，创建国家级和自治区级标准化养殖示范场分别达到127个和233个，具有一定规模涉牧企业400多家，其中乳品加工企业51家，全疆牛奶产量达到160万吨，日处理生鲜乳能力6 200吨，日平均加工量达到1 500吨。畜牧合作社1 000多家，带动农牧户2万余户。全疆累计认定无公害畜产品产地112个，有53个畜产品通过了农业部无公害畜产品认证（来源：新疆维吾尔自治区畜牧兽医局《新疆畜牧业改革开放40年成就专题报告》)。

第二章　国内外畜牧业经营主体发展研究与经验

一、国外畜牧业经营主体发展研究

（一）理论研究

贝蒂尔·俄林在其《区域贸易和国际贸易》一书中，提出了资源禀赋理论（简称H-O理论）。该理论认为，生产要素禀赋的相对差异决定了区域分工与贸易，以及国际分工与贸易的产生。至此，在古典经济学中均强调了资源禀赋差异对生产成本的影响，进而论证了国际贸易的条件和基础是资源禀赋的差异，说明了自然资源对产业布局、区域分工、国际贸易的作用，认为各国应该根据本国的资源禀赋优势，通过国际贸易进出口相对应的产品，从而实现资源在世界范围内的最佳配置。史晓瑜（2011）认为，资源禀赋是区域经济发展的重要物质基础，资源禀赋的结构决定了区域产业和产业结构的形成与发展。巴特尔（2012）认为，应依托资源禀赋优势发展农业循环经济，促进农林牧协调发展。张立中（2011）在充分考虑草原区人口、草地资源禀赋和生产力水平等多重因素的影响基础上，探索了实现草原畜牧业适度规模经营的形式，结合适度规模经营关键环节，提出了发展草原畜牧业适度规模经营的对策建议。目前来看，有关资源禀赋的研究，多集中在产业结构调整、适度规模经营等方面。

迈克尔·波特等（2007）研究认为，“集群是某一特定领域内相互联系的企业及机构在地理上的集聚体。集群包括一系列相关联的产业和其他一些与竞争有关的实体”。联合国贸易与交易发展大会《2001年世界投资报告》中指出：“产业集群优势已超越低成本扩张而成为吸引外资投入的主导力量，推动‘产业联系’将成为投资政策关注的焦点，进一步推动产业发展，必须走集群化道路”。在经济竞争中，产业集群是区域经济实现快速、健康发展的重要推动力量，同时也是实现区域经济布局合理化、资源配置优化、空间创新系统建立和区域竞争优势形成的重要战略手段。

（二）不同国家畜牧业经营主体模式和经验

在实践经验上，第二次世界大战以后，由科技革命带动的农业变革推动了现代农业的出现。其发展的主要特征是“以现代机械代替手工劳动、用现代科学技术改造传统农业、用现代管理理念管理和经营农业”，极大提高了农业专业化、集约化和市场化水平，推动了农业和农村取得根本性改善。随着现代农业的出现和发展，现代农业经营主体也逐渐开始发展和成熟，形成了世界主流的资本主导型、集约型、土地（草原）资源型三种畜牧养殖特征，如美国“家庭农场”模式、日本“农协社”模式、澳大利亚畜牧分区及自动化模式等各具特色。

1.美国家庭农场为主的模式

1950年，美国农场数量总数565万个，到2015年农场总数降至206.8万个，农场数量降幅63.42%，但单个农场的平均规模却扩大了1倍多。这一过程并不是均衡发展的，农场数量减少的速度逐步放慢，进入20世纪90年代以来，农场总数已逐渐趋于稳定。据美国农业部公布数据，2015年，美国共有206.8万个农场，其中接近99%是家庭农场（表2-1）（赵颖文，李晓，彭迎 等，2019）。

表2-1　美国农场总量、土地规模和平均面积（2007—2015年）

年份	农场总量（万个）	土地规模（万公顷）	平均面积（公顷）
2007	220.50	37 282	169
2008	218.45	37 167	170
2009	216.97	37 126	171
2010	214.95	37 048	172
2011	213.12	36 997	174
2012	210.98	37 005	175
2013	210.20	36 982	176
2014	208.50	36 940	177
2015	206.80	36 900	178

数据来源：《美国农业统计年鉴》。

2014年，50万美元及以上销售值规模农场的经营面积达到所有农场总面积的41%，但其农场数目仅占农场总数的7.9%（表2-2）。

表2-2　2014年不同销售值规模农场的分布与变化

销售值（美元）	农场数目			总面积			平均农场面积（公顷）
	农场个数（万个）	占总农场数目比例	比上年变化（个）	总面积（万公顷）	占总农场总面积比例（%）	比上年变化（万公顷）	
1 000～9 999	105	50.6	−27 000	6 677.4	9.9	−174.96	34.8
10 000～99 999	62.2	29.9	3 000	7 848.9	21.2	−2.43	126.4
100 000～249 999	14.5	7	2 000	5 220.5	14.1	−78.2	364.1
250 000～499 999	9.7	4.7	600	5 074.7	13.7	−6.1	522.5
500 000以上	16.5	7.9	3 100	15 151.1	41	220.3	918.1

数据来源：《美国农业统计年鉴》。

2007年的美国农业普查也显示，占9%的大型和超大型的家庭农场生产出占总销售价值63%的产品。由此可以看出，大多数的农场土地经营来自美国国内相对较少的大农场。经营的规模化可以有效促进农业产业化、机械化，促进农业产值提升（卫荣，高忠敏，王秀等，2016）。

家庭农场是美国农业生产、服务和技术推广的最基本组成形式和经营单位，其基本功能与中国的家庭承包经营户类似。根据美国农业部的标准统计方法，美国家庭农场可以按照不同经营者的身份划分为四种：自有农场、分成制农场、经理制农场和佃农制农场。而根据农场主对其所经营土地的所有权情况，美国家庭农场可以分为业主制、合伙制、公司制等多种组织形式，其中公司制又分为家庭公司制和非家庭公司制。截至2007年年底，美国有家庭农场220.50万个。根据美国农业部经济研究局的统计，老弱户、兼业户、小型农场数量占美国83%的比例，但其产值只占美国农业产值的9.84%，中型以上的家庭农场为美国农业产值创造了巨大的经济收益。到2014年，家庭农场数减少为208.50万个，家庭农场的发展呈现出数目不断减少、经营规模逐步扩大的趋势，与农业配套的社会化服务体系的逐步完善，进一步推动了农业产前、产中、产后的一体化经营，而合理的区域化布局和完善的社会化服务体系促进了农业的专业化经营，推动了美国农业的发展。

2. 日本“农业协会”发展模式

日本的农业资源禀赋较差，人多地少、山地多、平地少，以小规模农户为主。日本的“农协”组织在推进现代农业发展的过程中起到了至关重要的作用，尽管农协并不是日本现代农业的直接经营主体，但其在代表农民谈判、组织协调、监督管理等方面都发挥了不可替代的作用。目前，日本全国有99%的农户都加入了各类农协组织，农协组织的数量已经达到了820个。“农协”虽然不直接参与生产经营，但是它却在日本农民农业生产、经营的各个环节发挥着非常重要的作用，提供科技、教育、金融服务，组织农户规模性地参与市场竞争等，综合性服务为日本直接农业经营主体参与生产、市场竞争提供了重要的渠道和支撑。

日本于1962年《农地法》第一次修改中提出了农业生产法人的概念，农业生产法人是指根据日本《农地法》第2条第3项的要件规定取得农地权利，并以法人形态从事农业生产和经营的组织机构。由于2009年新法实施后放宽了企业法人准入条件，使得生产法人数快速增加。截至2017年年末，农业生产法人数量达到17 140个，比2009年增长了近55%。其中，畜产生产法人数量为2 903个，占农业生产法人数量的17%。日本制定了许多辅助措施大力促进农业的法人化，包括金融、财税农业人才的培育及建立农地中介服务机构等方面，从而促进农地的规模化、集约化，为农业生产法人的发展建立了优良的环境。如2018年促进农业法人化经营预算投入额为596.8亿日元，无疑给予了农业生产法人强大的财政资金支持。日本政府对农林水产事业长期提供低息贷款或无息贷款，并承担50%的农业保险保费，有效解决了农业生产法人的融资问题。同时为了加快农地流转、促进土地集约化，日本设立了农业协同组合、农地中间管理机构、农业土地管理机构和农业委员会等多个中介服务机构，为农业生产运营提供服务支持（成霄霞，2019）。

日本农业经营方式不断增多的情况下，各农业微观经济组织的经营面积也在不断扩大。如组织经营体中的经营面积未满1公顷的组织经营体数量逐渐减少，从2011年的1.42万个经营体减少到2016年的1.23万个，只占组织经营体总数的36%，减少将近10%，而其他区间都有一定的增加，特别是达到10公顷以上的组织经营体数，从2011年的8 500个增长到2016年的10 900个，2016年面积达到10公顷以上的组织经营体比2014年多了近30%。虽然组织经营体中有经营耕地的个体数远低于家庭经营体，但是平均经营面积超过家庭经营体20倍，而且组织经营体的平均流转耕地面积也达到了20公顷，说明组织经营体经营的耕地面积逐渐脱离破碎化、小面积的情况，组织经营体正逐步趋于规模化经营（顾艳阳，2019）。日本家庭农场也呈现出数量不断减少、经营规模不断扩大的趋势。

20世纪90年代中期，日本农业生产的农产品与日本国民消费的农产品（食品）之间存在巨大的价值差。这种价值差主要通过农产品加工和农产品流通等环节流向农村之外，因而农业产业的增值收益未能留在农业生产者手中，制约农民增收。以2005年为例，在日本食品产业的市场规模中，国内农林渔业生产者仅得到13%，食品加工业、餐饮业和流通业分别获得33%、18%和34%。因此，今村奈良臣提出，要通过鼓励农业生产者搞多种经营，发展农产品（食品）加工业、肥料等农资制造业、农产品和农资流通业等服务业以及农业旅游业，形成集农产品生产、加工、销售、服务于一体的完整链条，将流到城市等农村外部的就业岗位和附加值内部化，为农业生产者获得更多农产品加工、流通等环节和农业旅游业的附加值创造条件，借此增加农民收入，增强农业发展活力。由于1、2、3之和、之积均等于6，因此称为“第六产业”。后来，今村奈良臣进一步强调，“第六产业”是第一、第二、第三产业的乘积，意在强调农村一二三产业的融合发展，基于产业链延伸和产业范围拓展，推进农村一二三产业之间的整合和链接。

日本政府在推进农业“第六产业化”的过程中，注意通过促进农产品本地化加工、流通和发展休闲农业、乡村旅游等，将本来流向外部的就业岗位和附加值内部化。这与日本解决农村过疏化等问题的需求密切相关；同时优先支持本土化经营主体的发育成长，注意保护本土化经营主体在发展“第六产业”中的主动权，防止其形成对工商资本的依附性，避免其被推向利益分配的边缘地位。日本农村混合居住化的迅速发展、重视农产品“地产地销”的传统和国家政策，为“第六产业化”的发展提供了良好基础。

3.澳大利亚资源型生产组织模式

澳大利亚国土面积的60%左右为农业用地，天然草原面积达4.58亿公顷，居世界首位，为畜牧业和种植业的发展提供了便利条件，二者比例稳定在6∶4的水平。澳大利亚畜牧业以饲养奶牛、肉牛和绵羊为主，每年生产牛奶1 000万吨左右、牛肉200万吨左右、羊毛100万吨左右，羊毛和肉类的出口分别占世界第一和第二位。其畜牧业产值占农业产值的60%以上。澳大利亚目前有农场约13.5万个，家庭农场占90%以上，每个农场拥有劳动力2～3人，主要通过机械化作业来完成，高自动化管理系统造就了高劳务生产率（游锡火，2019）。通过物联网系统进行信息化管理，结合航拍与地面调查，构建了全国性实时精准动态监测和预报的草原牧场信息管理系统，由此可见，澳大利亚规模化养殖的背后是高度自动化、集约化生产，包括生产机械化、过程管理信息化等模式。

澳大利亚合作社分两类：公司型合作社和传统型合作社。公司型合作社坚持开放原则，入社自愿、退社自愿，一人一票表决原则。传统合作社坚持国际合作社公认的“门户开放、入退社自由、一人一票、股份红利限制、惠顾者返还、成员教育”等原则。政府重视合作组织作用，畜禽协会、肉类畜牧协会、全国羊毛协会等合作经济组织为农户提供各种生产经营技术、服务、市场行情、销售等。而澳大利亚畜牧业对信息化和物联网技术的应用，真正提高了生产效率，大大节省了人力，也对畜牧生产过程起到科学控制的作用（李建雄，2016）。

为了更好地促进畜牧业发展，政府也在不断加强农业法律法规和农业标准化体系建设，开展农业科技创新和技术推广，注重生态环境保护以及农业生产机械化和信息化融合。

4.以色列农业合作组织发展模式

以色列是一个自然资源尤其是水资源十分匮乏的国家，但其占总劳动力4%的农业人口却创造了10%的国民生产总值。其中以各级农业合作组织的经营主体和服务主体发挥着关键作用。合作组织分为基层和区域性以及全国性的，基层负责与农民联合抓具体生产经营，区域性组织致力于农产品销售等，全国性组织服务于农业长远发展战略和技术。值得强调的是，在农业合作组织的支持下，以色列农业科技在全世界名列前茅，创造出了“沙漠农业”奇迹。

在以色列复国前的1905—1908年，犹太民族基金会就在巴勒斯坦先后购买土地，并着手组建农场，招募犹太移民耕种，第一个基布兹便诞生于此。作为合作性联合体，基布兹被官方界定为一种“以团体所有、自主工作、平等共享生产、消费和教育等观念为基础的”社区形式。基布兹是基于土地公有制度为基础的共同财产制和劳动、保障与管理中的合作制这两方面关键制度而设计和建立的。随着社会发展中的政治及经济因素影响，传统基布兹管理模式已无法满足人们的需求，因此政府对传统基布兹进行了改良，一是基布兹可据成员贡献、地位和资历（以时间为准）的大小将个人预算分配予其成员；二是基布兹有权将属于其房产单位的土地私有化；三是改良基布兹有权将基布兹生产资料分配份额给成员（张力，刘中杰，2015）。在改良基布兹中，组织控制仍然是其基本原则，同时又为能更好地激发个人生产力而制定了新的制度。通过改革，基布兹的状况得到明显缓解。以色列自然资源恶劣，将近一半的土地是沙漠，基布兹通过引水建设工程制造绿洲，利用现代生物技术培育适合本土种植的新品种，针对缺水问题研制出世界上最先进的滴灌和喷灌技术及装备等，使本不适宜农业发展的以色列地区，不仅农产品能自给自足，还能大量出口欧洲（程恩富等，2015）。

5.韩国农业合作组织发展模式

韩国农业合作组织为“韩国农业协同组合”（简称农协），同样经历了从最初的以互助合作为原则，依靠政府支持、谋求共同发展的农民集合体，发展到以增强自身市场竞争力而开始引进股份公司参与经营，再到部分协会实行企业化经营，不依靠政府援助，保持自身的独立性和自主性。1956年韩国农业部发布了《农业协同组合法》，规定了农协的组织机构、运营和业务范围等内容，韩国农协主要业务包含批发分销、加工产品的销售、饲料经营等经济业务以及信贷投资和资金管理等银行业务。韩国农协组织结构框架见图2-1。

其地方组合是由户口所在地居民、居住或在当地务农人员出资而成立的法人，提供综合性业务；品目组合是由从事标准化农业的农场主组织成立的法人，分为农业系列、畜产系列、人参系列等。

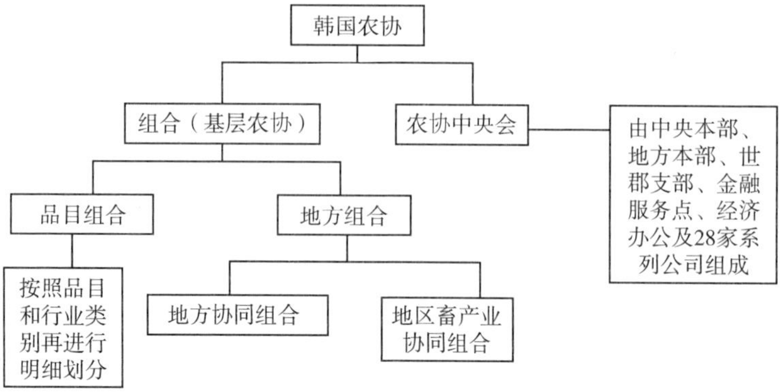

图2-1　韩国农协组织机构

在农业生产的组织化方面，最小的单位是“作目班”，即在一个乡里，种养同一作物的农户自发地组成一个联盟，把所生产的农产品集中在一起分类、包装、销售，他们之间的联结就是农产品的质量。比如都种番茄，如果哪一家的品质不好，就会被退出“作目班”，有好品质的又会被吸收进去。规模大一点的农业人组织叫“营农组合法人”（相当于国内的农业专业合作社），他们也是农户自发形成的经营主体。韩国还有一类农业经营主体叫“农业会社法人”，是由城市或农村的自然人创办的农业企业，经营者可以不是农民。

农协通过各类培训和项目支持，不断提升务农人员合伙人的经济、社会、文化地位，先后启动了以协同组合观点普及、农业政策开发、农业技术普及为目的的“教育支持项目”，以农产品生产和生产地流通、销售地区流通为目的的“经济项目”，以及以农用资金的筹措、教育支持、经济项目的经费融资窗口的“信用项目”。

为应对韩国农业人口老龄化的现象，一直在探索促使“归农”的办法。2010年，韩国在世界上首个提出“强小农”经济策略。所谓“强小农”，是指那些企业规模虽小但经营能力强大的农业经营体，韩国的目标是培育10万个“强小农”农业经营体。这个政策主要瞄准了两个人群，一个是年轻人，一个是“4050”的中年人。在促进年轻人“归农”方面，韩国在1997年创办了韩国国立农水产大学，通过韩国的高考，每年面向全国招收550名学生，提供免费学习、住宿等条件，同时也招收国际留学生。这所大学是3年的专科学制，学生入学后第一年在学校学习知识，第二年就被派往海外进行一年的实习式学习，目的是培养动手和实际操作能力。学生毕业后必须从事6年农业。对于“归农”的“4050”人员，政府出台专门的支持政策，给予资金等方面支援。

韩国自1961年成立农业协同组合之初就提出“身土不二”的口号，通过宣传本国土地上生产的产品最适合本国人的体质，国人应该吃本国土地上生产出来的农产品等理念，一方面形成了韩国人强烈的国货意识，另一方面也极大地促进了韩国农民自己生产、自助销售的区域性农业协同组合园的迅速发展。“组合园”依据地域优势，发展特色农产品生产和加工，把小规模、分散生产的农民有效地组织起来，成为农民自主生产和销售的重要组织。

二、国内畜牧业经营主体发展研究

2016年中央1号文件指出，当前我国经济发展进入新常态，如何在经济增速放缓背景下继续强化农业基础地位、促进农民持续增收，是必须破解的一个重大课题；国内农业生产成本快速攀升，大宗农产品价格普遍高于国际市场，如何在“双重挤压”下创新农业支持保护政策、提高农业竞争力，是必须面对的一个重大考验；我国农业资源短缺，开发过度、污染加重，如何在资源环境硬约束下保障农产品有效供给和质量安全、提升农业可持续发展能力，是必须应对的一个重大挑战。城乡资源要素流动加速，城乡互动联系增强，如何在城镇化深入发展背景下加快新农村建设步伐、实现城乡共同繁荣，是必须解决好的一个重大问题。破解这些难题，是今后一个时期“三农”工作的重点任务。必须始终坚持把解决好“三农”问题作为全党工作的重中之重，靠改革添动力，以法治作保障，加快推进中国特色农业现代化。学术界对农业现代化的研究及结论相当丰富，无论是农业现代化的内涵、模式、机制设计、管理、效率评价，都有相应的研究出现。但是根据本研究需要，这里只梳理与现代农业经营主体相关的研究。

（一）在经营主体与现代农业关系方面

陈锡文（2013）认为在城镇化和工业化的大背景下，农村劳动力流失严重，农业传统经营主体分散，农业增值很难，这两个方面的原因决定了现代农业发展中，从农业经营体制的角度看，“谁来种地”和“怎么种地”是现代农业经营体系建设最关键和迫切的两个问题；从畜牧业经营体制的角度而言，“谁来养畜”和“怎么养畜”也是当前牧业经营体系建设中的关键和迫切问题。刘奇（2013）提出，现代农业一个显著的特点是要实现集约化、规模化，传统的家庭单位经营主体已经远远达不到要求，培育出新型的集专业化、规模化为主的经营主体才是现代农业规模经营的主要着力点之一。朱启臻（2018）认为，家庭农场就是扩大了的农户，是以家庭劳动力为主要劳动力的农业生产经营单位，不是雇工农业，它和小农户的一个区别就在于它有比较多的土地，有了适度的规模经营。赵佳等（2013）分析了农业经营方式转变的动因和影响、组织制度创新的动力及其与农业经营方式转变的互动，揭示了合作社联合社组织制度创新与农业经营方式转变的互动逻辑，认为走合作经营才是现代农业的最优制度安排。杜志雄（2013）认为在改革和完善农村基本经营制度的关键阶段，经营主体的社会化、集约化、专业化、组织化结合才是符合现代农业发展要求的，而且大力培育新型农业经营主体迫在眉睫，无论是现代农业中粮食安全还是农业竞争力的提升都具有重要意义，而且他分析认为家庭农场是符合现阶段国情的最优主体。

（二）在农村家庭与新型经营主体关系方面

黄祖辉（2008，2010）认为改革开放在农村实行家庭联产承包责任制以来，就决定了我国农业经营主体必定要以家庭（农户）为主，即使到现代农业阶段国家大力发展培育新型经营主体，但是农业的特性决定了任何形式的经营主体的出现都离不开家庭这个子单元基础。并且他还提出这样一个命题“没有农业的家庭经营，农民合作组织就失去了存在的必要，即农民合作组织如果不以相对独立的家庭经营为基础，这个合作组织就不是真正意义上的合作组织”。张晓山（2013）也认为现代农业经营主体的培育并不是对农村家庭联产承包体制的变更，新的经营主体还是以家庭为基础，不改变农户原有的土地承包关系、土地权属、土地用途，只是在经营规模和经营模式上进行了增加和创新。李显刚（2013）认为2013年中央1号文件中鼓励和支持承包土地向专业大户、家庭农场、农民合作社流转的政策，表明农业适度规模经营将成为现代农业发展的新趋势，那么大力培育新型经营主体将是工作的重中之重，是现代农业发展的“第二个飞跃”。朱启臻（2018）认为，在如何实现会议确定的工作目标上，不同地区要根据不同地区的特点、自己面临的具体问题，制订不同的策略。同时认为，无论是什么地方、什么工作，都应该始终坚持发挥农民主体作用这个原则。

（三）在现阶段新型经营主体选择方面

现代农业发展至今，农村经营主体处在传统经营主体和新型经营主体并存的局面，主要有农户、专业大户、家庭农场、专业合作组织、农业企业及其他社会组织（田志宏，2013），那么这些经营主体应该由哪一种占据培育的主体地位，还是在结构上采取均衡的发展？这一问题在学术界仍然存在较大的争议（张晓山，2013）。一种观点认为，当前农村人口压力巨大，短时间实现转移是不现实的，也就是说农村经营体制的创新还是要在以家庭为单元生产的基础上进行，不可能完全推倒重来；农业基础落后，收入低、基础差、科技含量低的问题没有得到充分解决，要把农业经营突然提升到发达国家那样的规模水平是不现实的。国家虽然明显加大了对农业的关注，并明确提出了发展现代农业的目标和办法，也在鼓励和提倡培育各种模式的经营主体，但是投入还是不够；所以就以上这些现实情况来看，他们认为新提出来的家庭农场这一经营主体是最适合现阶段国情的（刘雪梅，2013；王建华，2013；孙中华，2013；范传棋，2013）。另一种观点认为，现代农业的最终目标是“农民增收”，之所以当前农民收入低，主要是因为农民市场参与度低，分散性的农户没有市场竞争力，导致他们成为市场弱势一方，没有能力分享农业最终收益；农业产业化是现代农业实现的手段，但是分散的农户不可能达到产业化和专业化的要求，只有通过组织安排才能实现；农业具有显著的规模经济效应，如何在不改变农村基本经营体制的条件下最大限度地实现规模经营，创造规模收益也得依靠农业组织实现，同时也可以避免单个农户参与市场面对的高额交易费用；基于此，这部分人认为大力发展农业合作组织才是明智之举（孔祥智，2010；王曙光，2010；苑鹏，2011；卢春华，2012；李永东，2013）。还有另一种折中的观点认为，我国幅员辽阔，区域农业发展差距大，现实条件也不同，不同的地区应该根据当地的现实条件以及农业发展特点，慎重地选取合适的农业经营主体作为主要主体，而且也要适当发展其他形式的经营主体作为补充（高帆，2010；陈锡文，2012；郭远明等，2013）。

（四）在新型牧业经营主体利益联结方面

宋启良（2014）认为，新型牧业经营主体总体数量偏少、层次偏低、辐射带动能力弱；思想认识不够、支持力度小；政策扶持不够、资金缺乏和配套服务不完善是制约新型牧业经营主体发展的主要问题。邵科等（2014）在新形势下农业产业化利益联结机制完善的产销、问题与出路分析时认为，由于看重眼前的利益和趋向于风险最小化、收益最大化，即使与企业签订了合同，在市场价格高于企业的时候，农户选择将农产品卖给第三方的现象也多有存在，特别是市场价格的波动，也会导致企业或农户为降低采购成本或者增加生产收益而选择改变（放弃）既定的生产合同约定，造成另一方的利益受损。针对完善农业产业化利益联结机制面临的传统小农户占多数，履约意识和标准化生产能力不高；农民专业合作社综合实力偏弱，组织管理不够规范；龙头企业产品需求与农户期望存在落差，利润分享不够；利益联结涉及全过程多主体，政府等外部监督较困难等问题，提出农业产业化过程中，产品生产的毁约行为具有买卖双方的相互性，因此，利益联结机制的完善需要多方共同努力下的协作推进和配合。杨振波等（2014）在对莱芜市培育新型牧业经营主体的专项调研中，从外部环境和内部情况对存在问题进行了分析，认为外部因素主要是政策扶持力度和配套服务不够，内部因素则是因为主体规模小、实力不强，规模化、集约化、产业化程度不高；组织松散、功能单一、运行不规范，凝聚力和带动力不强，以及资金、人才缺乏，主体综合素质较低等。董帮应（2014）用系统动力理论、农业教育理论、政府管理理论等开展了农户经营主体变迁的研究，认为受经济发展以及分工分业程度的限制，农业社会化服务组织的外部环境存在区域性差异，并提出在经济发达地区，由于市场化程度相对高，应发展以龙头企业为核心的多元化服务体系；而在经济落后地区，则发展以政府涉农部门主导的农业服务体系。农业农村部农村经济研究中心谭智心等认为，农民专业合作社走向联合是必然趋势，并调研归纳目前我国农民合作社联合社主要有生产型联合、销售型联合、产业链型联合、综合型联合等四种类型。黄祖辉等得出畜禽合作社的产业化类型倾向于“龙头企业带动型”的结论。黄胜忠（2014）从利益相关者集体选择视角分析了农民合作社的形成逻辑、边界和本职规定，认为农民合作社的形成是由利益相关者的两次集体选择决定；两次集体选择和交易契约的边界共同决定农民合作社的所有权边界和经营边界；农民合作社本质上是利益相关者相互关系的联结，并强调了“殊途同归”的重要性。

现代农业发展至今，农村经营主体处在传统经营主体和新型经营主体并存的局面，这些经营主体应该由哪一种占据培育的主体地位，还是在结构上采取均衡的发展？这一问题在学术界仍然存有争议（张晓山，2013）。一种观点认为，农村经营体制的创新还是要在以家庭为单元生产的基础上进行，不可能完全推倒重来，认为新提出来的家庭农场这一经营主体是最适合现阶段国情的（刘雪梅，2013；王建华，2013；孙中华，2013；范传棋，2013）。另一种观点认为，分散性的农户没有市场竞争力，没有分享农业最终收益的能力，也不可能达到产业化和专业化的要求，因此大力发展农业合作组织才是明智之举（孔祥智，2010；王曙光，2010；苑鹏，2011；卢春华，2012；李永东，2013）。还有一种折中的观点认为，我国幅员辽阔，区域农业发展差距大，现实条件也不同，不同的地区应该根据当地的现实条件以及农业发展特点，慎重地选取合适的农业经营主体作为主要主体，而且也要适当发展其他形式的经营主体作为补充（高帆，2010；陈锡文，2012；郭远明等，2013）。

总体来看，各类新型经营主体并无绝对的优劣之分，其功能定位可能也因不同地区、不同产品和不同发展阶段而各异。随着各类新型经营主体的发展，新型畜牧业经营体系已具雏形。但受各类经营主体经济实力和运营模式的影响，在养殖产业链条中，生产环节在利益分配中明显处于弱势地位，其合理利益得不到保护。这也是近年来质量安全问题频发的重要制度根源。针对当前质量安全的形势，有专家明确提出：合格安全的产品是生产出来的，而不是监管出来的。尽管不完全准确，但却反映了一个道理，如果各环节利润分配不合理，就可能导致部分环节生产行为扭曲，产品质量就难以保证。因此，我们对农畜产品质量安全问题，要加强监管，更要构建科学合理的生产经营体系，要让产业链的各个环节都能得到合理的收益，才能保证产品的质量。所以，创新畜牧业经营体制机制，既要注重提高资源要素利用，实现集约利用、循环利用，也要构建合理的利益分配机制，形成合作共赢的利益分配机制。目前农业产业化经营中的利益联结机制多以龙头企业带动、市场带动、中介组织带动和合作经济组织带动等方式来体现，多以种植业为主，而从资源禀赋视角开展新疆新型牧业经营主体的研究则相对较少。因此，基于新常态下新疆畜牧业“稳增长、调结构、促改革、惠民生”的需求，新型农业经营主体培育和融合发展是新疆畜牧业转型和可持续发展的一项重要课题。

三、国外畜牧业经营主体发展的启示

从美国、日本、澳大利亚三国来看，美国自然资源丰富，综合实力强，发挥了国家的综合竞争优势，具有资本密集型大规模家庭农场的特点；日本资源贫乏，农业人口少，具有“小规模农场+大品牌发展”的集约化战略特色；澳大利亚畜牧资源丰富，具有大规模+信息化的草原畜牧业特色。从各国经验做法来看，每个国家都有自己的资源禀赋、发展历史及特色，有许多经验值得借鉴：

在规模效益方面，都是以大型农牧场的规模化发展为主流，小型农牧场的特色发展为辅助。尽管日本面积小，资源匮乏，但也能结合自身特点，走集约化畜牧业生产之路，发展小规模农场，通过分区生产，最大限度实行规模化。通过对规模化农牧场的有效管理和信息化技术与服务，从而实现规模化集群效应。美国畜牧以家庭农场为特征的生产组织模式，充分利于其自然资源禀赋、养殖技术先进的特点，将农业与牧业、牧业与工业结合，牧业与工商资本（金融）结合，在工厂化管理方面推行良种化、标准化、规模化、自动化，较好地推动和促进了美国畜牧业发展和养殖户收益的增长，最终实现了美国畜牧业在国际综合竞争力的提升。对新疆畜牧业而言，有必要结合南北疆地域特点和生产生活习性，因地制宜做好适度规模发展研究和与之配套的现代化服务体系建设，以保障适度规模发展的经济效益。同时规模化必须有一套完整可靠的信息化系统予以支撑，否则规模化反而可能导致管理失效、安全失控；通过自动化、信息化加强过程管理，提高生产效率和安全管理可追溯，畜牧产业链才具有更高价值。

在区域化生产布局方面，都很重视对经营专业化和分区生产的引导。美国把全国分为10个“农业生产区域”，每个区域主要生产1～2种农产品。澳大利亚根据气候条件在全国划分为5个区域，实行分区化养殖生产：北海岸地区以饲养肉牛和生产热带水果为主，西北地区以牧业和农业为主；中部地区以放牧澳美羊为主；南部地区为粮食主产区，以农业和牧业为主；东部地区是农牧业最发达的地区，以羊毛为主。日本“一场一品”和“一区一品”已成为主要发展趋势，从北到南每个区域产品具有独特的特点。新疆南北疆资源禀赋不同，生产生活方式各异，有必要从供需平衡和资源禀赋视角做好区域产业分区和经营布局，借鉴美国、澳大利亚经验，按新疆地理纬度带对农牧业生产进行分区布局，每个区域选定几个主打品种和几个常规或特色品种，形成不同品种的全产业经济链条，结合地理标志农产品认定做好新疆特色的“一村一品”和“一区一品”。在生态保护和可持续发展的基础上，强化布局经济功能，打破部门、地域限制，推行各地州、县市、区域之间的规划联动、产业联动、市场联动以及交通、信息和政策等联动。

在政策措施方面，都能够根据本国国情制订出一系列的优惠政策，包括农业收入补贴、机械设备补贴、农地整治补贴以及基础设施补贴等多项补贴政策；通过制订相应的法律法规，形成农业法律体系，保证经营体的合法权益和利益，保障经营体的长足发展；给予一定的金融优惠政策支持，在信贷上给予更多的优惠政策，解决经营体的融资问题；通过法律约束和政策引导，加强畜产品质量管理，提高畜产品质量，推进畜产品加工业的发展，提升产品附加值，从而带动整体畜牧业产业发展。

在社会化服务方面，美国农业服务体系健全且主体明确，由30%的公益性社会化服务+70%的营利性社会化服务组成，而我国多为公益性的服务，缺少盈利性的服务。美国有1万家公司从事农业服务行业，年销售额70亿美元，服务内容涉及农业机械，播种、喷药、土地平整、GPS、收割、晾晒、销售、售后等，农业机械大型和小型可满足不同规模的农场需求。而美国以政府引导作为家庭农场模式的前提、土地制度作为家庭农场生产经营的基础、法制体系作为家庭农场模式的保障、政府补贴作为家庭农场模式的后盾、科技现代化作为家庭农场模式的推动力、社会化服务体系搭建作为家庭农场模式的有效支撑，这一做法也值得我们借鉴和学习。2018年，我国也提出了农业社会化生产性服务的说法，并于2019年3月由中国农业生产性服务联盟在北京举办了首届中国农业服务者大会。但从目前来看，新疆畜牧业服务体系依然不够完善，现有服务能力还有待提升，还不能够完全担负起抵抗农业市场风险，为畜牧业发展提供技术保障和支撑的能力。

在协会、合作社等发挥作用方面，特别是日本、韩国等国家，在市场、资金等方面充分发挥了合作社的综合价值，把养殖生产服务向良种引进、品种选育到疾病防治、检疫监测、灾害预测防范、产品保险供应、金融支持等各个方面进行了延伸。日本涉农协会模式成熟、运营效率很高，协会承担了包括销售、流通及金融支持等功能，不遗余力地将日本畜牧产品推向市场、推向国际，在日本畜牧产品向高端、品牌食品升级的战略中，起到了重要的作用。可以借鉴日本农协会模式，在充分发挥现有农业合作社或畜牧专业合作社在市场端作用的同时，进一步加强农业合作社与农业、金融机构联动，不单纯追求合作社的数量，要更注重合作社运行的质量，通过借鉴日本畜牧业发展，发展我国畜牧业以“食品加工业”为龙头的模式，提升畜产品价值和产业链相关方收益，有效解决传统畜牧业中“小生产与大市场”的供需矛盾和产业链价值偏低的困境。

第三章　新疆畜牧业经营主体发展现状、问题及合作机制

一、新疆畜牧业经营主体发展现状

新疆地域辽阔，大型山地与盆地相间，山地气候条件垂直分布明显，三山夹两盆的地域特点和不同的资源禀赋，不仅造就了南北疆自然环境、生产生活方式的不同，而且其经营体的组织结构和运作模式也各具特色，从新疆牧业经营组织发展的实践和组织结构来看，总体依然处于传统的运作和管理模式。

从资源禀赋来看，新疆南疆地区干旱缺水，人均耕地较少，多为维吾尔族聚居区，主要以林果业和农区畜牧业生产为主，经济发展较为落后，特别是和田地区和喀什地区，随着国家提出的2020年全面脱贫，脱贫攻坚工作的深入开展，南疆政策扶持力度更为明显。政府在用地、贷款等方面对企业扶持力度更大，并开展通过吸引外资从而带动当地畜牧业发展的政府，如引进山东日照集团下属企业等，政策效益更为明显。南疆地区畜牧业经营体普遍带有家族式合作特性，特别是牛、羊养殖合作社，一般多为分户后的兄弟姐妹以合作方式进行联户经营的模式，由家庭成员中具有话语权或威望的成员牵头，安排其他成员分别承担采购、养殖和销售等工作，具有较明显的“合作社+农户”的家族成

员自办型特征。南疆地区为维吾尔族聚居区，其饮食习俗是以冷鲜肉为主，不喜食冻肉，当地精深加工肉产品市场不足，难以收回加工成本。这种组织模式的社员关系较为松散，基本以满足地方需求为主，在饲养管理、养殖技术、疾病的预防治疗等方面缺乏交流，其带动能力、发展能力、影响力和抵御风险的能力都有很大的局限性，产品规模小而散、标准难以满足规模化加工生产需求等因素，导致其不仅难以直接与二三产业相衔接，而且也难以与大市场形成对接。

新疆北部地区降水高于南部，拥有较为丰富的草地资源，多为哈萨克族聚居区，农业生产多以草原畜牧业为主，牧业经营体多为联户经营和养殖大户经营模式，拥有一定规模的标准化养殖场（区）和较为规范的专业养殖合作社。北疆地区昌吉回族自治州的“草畜联营”合作社具有“养殖场（小区）+合作社+农户”的结构特征，虽然有技术交流、信息互通的优势，也制订了股份分配机制，但因其缺少龙头企业的带动或介入，未形成有效的产业增值链和利益分配机制，不仅局限了合作社的增收渠道，也难以实现既定的股份分配方案，致使合作社还处于“合”而未“作”的状态，受合作效益的影响，其带动和示范作用也未能完全体现出来。

这种松散、不规范的合作模式防范和化解风险的能力较弱，当不确定因素发生时，容易导致合作社的解体。基础单元的不稳定、仅在产业内独自循环以及契约意识淡薄等因素，也制约着新型牧业经营体的培育和发展。2018年监测的97家不合格农民合作社示范社中，南疆五地州占60家，其中已停业、注销和未开展经营活动的有57家，空壳和僵尸社3家，北疆地区已停业、注销和未开展经营活动的25家；东疆和乌鲁木齐退出规范管理和未开展活动的2家。

相对于南北疆而言，东疆地区拥有较好的资源、地缘和交通优势，且以农业和半农半牧业生产为主。部分地区已形成了一定的“公司+合作社+农户+基地”的牧业联合经营组织，如哈密市伊吾县的北牧农民专业合作社与喀尔里克公司形成了“公司+基地+合作社+农牧户”的肉羊养殖、畜产品加工、生产和市场销售产销链，开展了畜牧业循环经济的生产模式，拓宽了农牧民的增收渠道，建立了相对稳定的利益分配机制，但因畜牧产业和畜产品市场的高风险性，产业链各利益相关体之间只有利益共享，没有风险共担和保险机制，也没有有效的社会化服务体系支撑，行业或部门间的利益和政策冲突对新型牧业经营体的培育产生了一定的制约作用，因此合理、稳定的利益共享、风险共担和保险机制则是经营体能否稳定持续发展的关键因素。

据新疆农经部门统计，截至2017年年底：

全疆农业产业化经营组织达到1.39万个，订单带动农户194.68万户，带动农户新增收入25.13亿元，自治区级以上农业产业化重点龙头企业达到509家（国资控股企业52家），比2015年增加183个，增长率56.13%。国家级重点龙头企业33家，资产总额10亿元以上的19家，1亿元以上的195家。培育自治区农业产业化园区43个，入驻企业1 000余家，吸纳农村富余劳动力11.4万余人。国家农业产业化示范基地5个，集聚各类龙头企业百余家，销售收入近250亿元。

全疆农民合作社总数24 111个，比2015年增加3 151个，增长15.03%。其中，国家级示范社128个，自治区级示范社1 509个，合作社成员数52.7万个。2018年对348家第三批（2015年）自治区级农民合作社示范社的监测结果显示，有97家（其中养殖35家、种植类44家）监测不合格，除10家为主动放弃监测外，因法人或带头人自身因素及运行管理不规范、缺少带动作用的21家，注销、停业和未运营的有61家，其他类5家。从合作社发展来看，已形成向种养业之外发展的趋势，截至2017年年末，开展农村电子商务的合作社达909个，开展休闲农业和乡村旅游的合作社达293个，但种养业类合作社仍占据主体地位。

全疆各类家庭农场773个，比2015年增加196个，增长率33.97%。家庭成员劳动力1 785人，常年雇工1 133人。其中种植业家庭农场383个，占家庭农场总数的49.5%；畜牧业167个，占家庭农场总数的21.6%；种养结合136个，占家庭农场总数的17.6%（畜牧业与种养结合类共占总数的39.2%）；渔业12个，占家庭农场总数的1.6%；其他75个，占家庭农场总数的9.7%。从家庭农场类型来看，依然是种植业类型占据多数。全疆家庭农场年销售农产品总值32 083.5万元。

从事农业生产托管服务的组织480个，其中农民合作社369个，农业企业2个，农村集体经济组织1个，其他组织108个，接受服务的农户数9 215户。农业生产托管服务面积51.26万亩*，主要开展耕、种、防、收4个方面的生产服务，服务面积分别为57.83万亩、57.38万亩、33.45万亩和42.97万亩。

二、新疆畜牧业经营主体发展存在的问题

在前期畜牧业生产区域布局研究中，根据新疆垂直地带分布的特性，从北纬36°到北纬49°带，按照6个地理纬度带对新疆各县

* 亩为非法定计量单位，1亩=1/15公顷。

市进行了划分和研究（表3-1），并基于纬度带和资源禀赋的视角，运用区域经济学与生态经济学的理论与方法，对各纬度带自然因素、社会经济因素、畜牧业发展特色、农牧民行为等因素影响和畜牧业生产区域布局的现状进行了分析。研究发现，不同纬度带、不同畜种单产优势、规模优势及综合优势都有不同，不同纬度带的产业优势、规模优势和综合优势各有不同（表3-2）。

表3–1　新疆6个纬度带划分及县市分布

纬度	不同纬度带所包含县市及县市分类			隶属地州
	农业县市46个	牧业县市18个	半农半牧业县市19个	
36°～38°带	叶城县	塔什库尔干县		喀什地区
	皮山县、和田市、和田县、墨玉县、洛浦县、策勒县、于田县		民丰县	和田地区
38°～40°带	阿图什市	乌恰县	阿克陶县	克州
	喀什市、疏附县、疏勒县、英吉沙县、伽师县、岳普湖县、巴楚县、麦盖提县、莎车县、泽普县			喀什地区
	若羌县		且末县	巴州
40°～42°带	阿克苏市、库车县、新和县、拜城县、乌什县、阿瓦提县、柯坪县		沙雅县、温宿县	阿克苏地区
		阿合奇县		克州
	博湖县、轮台县、库尔勒市		尉犁县	巴州

（续）

纬度	不同纬度带所包含县市及县市分类			隶属地州
	农业县市 46 个	牧业县市 18 个	半农半牧业县市 19 个	
42°～44° 带	伊宁市、察县	特克斯县、昭苏县、新源县	尼勒克县、巩留县	伊犁州直
	焉耆回族自治县		和静县、和硕县	巴州
			乌鲁木齐县	乌鲁木齐
		木垒县		昌吉回族自治州
			巴里坤县、伊州区、伊吾县	哈密市
	高昌区、鄯善县、托克逊县			吐鲁番市
44°～46° 带	乌苏市、沙湾县	托里县		塔城地区
		温泉县	博乐市、精河县	博州
	玛纳斯县、呼图壁县、昌吉市、阜康市、吉木萨尔县		奇台县	昌吉回族自治州
	霍城县、伊宁县			伊犁州直
46°～49° 带		阿勒泰市、吉木乃县、布尔津县、哈巴河县、福海县、富蕴县、青河县		阿勒泰地区
		和丰县、裕民县	额敏县、塔城市	塔城地区

基于不同地理纬度带牧业占农业产值和优势指数分析结果可以看出：新疆地区牧业产值占农林牧渔业总产值比重中，44°～46°带和46°～49°带地区最高，达到41%，该区域分布全部为北疆县市，38°～40°带和40°～42°带较低，为20%左右，该区域分布全部为南疆

表3-2　不同地理纬度带牧业占农业产值和优势指数

纬度	农牧业县	牧业产值占农林牧渔业总产值（%）	产量优势指数			规模优势指数			综合优势指数			县市分布
	分布数（个）		牛肉	羊肉	猪肉	牛肉	羊肉	猪肉	牛肉	羊肉	猪肉	
36°～38° 带	农业县 8 个											南疆 10 个
	牧业县 1 个	28.05	0.923 7	1.516 9	0.084 8	0.858 9	1.072 4	0.093 9	0.876 9	1.269 7	0.087 5	北疆 0 个
	半农半牧业县 1 个											东疆 0 个
38°～40° 带	农业县 11 个											南疆 14 个
	牧业县 1 个	24.47	0.902 3	1.263 5	0.361 1	1.174 7	1.021	0.346 7	1.006 9	1.133 1	0.335 4	北疆 0 个
	半农半牧业县 2 个											东疆 0 个
40°～42° 带	农业县 10 个											南疆 15 个
	牧业县 2 个	15.20	0.726 3	1.100 1	0.795 8	0.665 8	1.042 3	1.147 8	0.681 8	1.061 5	0.900 1	北疆 0 个
	半农半牧业县 3 个											东疆 0 个
42°～44° 带	农业县 6 个											南疆 2 个
	牧业县 3 个	38.87	1.052	1.050 3	0.900 1	1.374 3	0.961 8	1.006 4	1.168 8	0.993 9	0.917	北疆 10 个
	半农半牧业县 9 个											东疆 6 个
44°～46° 带	农业县 11 个											南疆 0 个
	牧业县 1 个	41.34	0.697 1	0.647 7	1.646 3	1.338 2	0.872	2.650 8	0.941	0.734 2	1.998	北疆 15 个
	半农半牧业县 3 个											东疆 0 个
46°～49° 带	农业县 0 个											南疆 0 个
	牧业县 9 个	41.24	1.437 4	1.187 1	0.345 6	1.839 6	0.979	0.158 8	1.621 2	1.073 4	0.222 8	北疆 11 个
	半农半牧业县 2 个											东疆 0 个

县市，说明北疆地区牧业发展整体优势更为明显；产量优势指数中，牛肉优势主要表现在42°～44°带和46°～49°带，以北疆县市为主，羊肉优势主要表现在36°～38°带和38°～40°带，均为南疆县市，猪肉以44°～46°带优势最为明显，均为北疆县市；规模优势指数中，牛肉以46°～49°带优势明显，主要集中在北疆地区，羊肉则以36°～38°带优势明显，覆盖的全部为南疆县市，猪肉主要集中在44°～46°带，以昌吉地区为主；综合优势指数中，牛肉还是以北疆为主的42°～44°带和46°～49°带优势明显，羊肉优势明显地带为36°～38°带和38°～40°带，猪肉则为44°～46°带。其中牛肉产量优势和规模优势中44°～46°带表现较为特别，其规模优势明显，但产量偏低也是与该地区奶牛养殖数量高有关，该数据以牛养殖数量为统计数据，未区分奶牛与肉牛数据，从而导致这两个指标指数差距明显。36°～38°带羊肉各项指标优势明显，该地区全部是南疆县市，当地人口以维吾尔族为主，占总人口95%以上，与其民族特性和饮食习惯有密切关系，调研中发现该地区畜牧业生产主要以肉羊育肥为主，育肥羊多来自北疆及甘肃、河北等地区。

南北疆畜禽饲养喜好不同，饲养模式也各有特色，各区域结合当地特点，也因地制宜地制定了相关扶持政策，但依然存在许多共性问题，因此从新疆畜牧业发展整体来看，目前牧业经营体发展中存在的主要问题表现如下。

（一）扶持力度针对性不强，扶持政策难以落地

虽然财政支农资金在不断增加，但支农政策尚未形成合力，大多数政策也主要以支持民生事业、农村基础设施建设和传统农户为主，一些规模较小的专业合作社和龙头企业，很难得到项目和资金的扶

持，特别是针对牧业经营体发展的扶持资金和补贴政策更加缺乏，各级政府和行业主管部门也缺少从产业融合视角制定的支持经营体发展的实施规划和细则，涉及畜牧业各部门间政策措施、补贴标准各自为政、缺乏整合的现象较为普遍，再加上申办手续、程序较为烦琐，在很大程度上影响和制约着养殖合作组织和畜牧产业的发展。新一轮退耕还林还草总体方案中，退耕还林每亩补助1 500元，退耕还草每亩补助800元；虽然有宜林则林、宜草则草的规定，但在利益驱使下，为补贴而退耕的现象也偶有发生。鲜活农产品流通中，羊胴体被视为鲜活农产品可以走绿色通道，而分割后的冷鲜肉则不属于鲜活农产品，不能走绿色通道，但包装后的冻鱼则属于鲜活农产品，可以享受绿色通道优惠。对鲜活农产品的定义和理解不同，忽视了冷鲜或冷冻分割肉的保质期与货架期，增加了运输和储藏成本。储备肉补贴标准南北疆有差异，当肉羊补贴提高时，肉牛存栏就会减少，结果势必导致牛羊肉生产和市场供需的不平衡，2015年起牛肉价格持续上涨至超过羊肉价格就是一个印证，而畜牧业生产周期长的特性又决定了这种不平衡难以在短期内自然恢复，依靠进口增加或平衡供需又会反过来影响养殖户的养殖积极性。

近年来，国家、自治区出台了一系列惠农强农政策，支持农业新型经营组织发展、创新，但因畜牧业生产产业链长、涉及部门多（图3-1），而相关部门间缺乏有效沟通与衔接，致使各部门间政策措施发生冲突，造成政策措施操作困难、实施效果不明显。另外，经营组织从组建到运营要准备环评、防疫、食品卫生许可等相关前置材料，还要经过工商、税务、土地、畜牧等行业主管部门审批，整个过程不仅耗时耗力，同时也需要相应的资金支持，加之各部门间行业政策的不统一及部门之间沟通缺乏等现象也严重滞后了扶持政策的实施和落地成效。但为了保障企业的正常运行和效益，同时也为了保持企业与合作社关系的稳定、持续发展，企业不得不承担包括市场、还贷等资本投入的风险，一定程度上也增加了企业的风险负担，同时受经济下行压力以及畜产品关税和保护政策等因素影响，政策性银行也降低了信用风险等级，企业资金链断裂的风险也会波及合作社的运行。

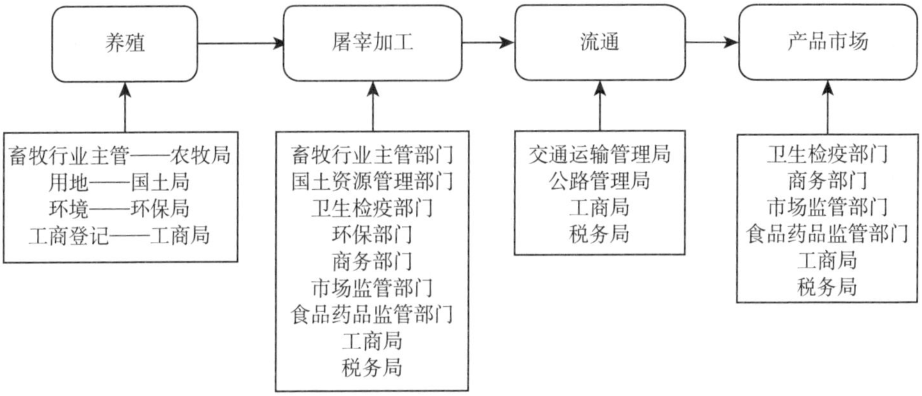

图3-1　畜产品生产全过程涉及的管理部门

（二）产业链利益联结机制障碍，牧业经营体弱势地位明显

各级政府扶持新型经营体发展的支持力度决定着经营体的发展规模和格局，产业融合各部门间的政策、资金、项目、信息等沟通协调不畅同时也影响着新型牧业经营体产业链的整合程度。畜产品从生产到形成商品是从畜牧业向商业转化的一个过程，整个过程涉及多个行业主管部门和多个利益体（图3-2）。在这个过程中抛开中间环节来看，从放牧牛羊到商品的区别实际也是牧民和商人在思维方式

上的不同，商人永远是商人的思维方式，而牧民，特别是传统型牧民却难以摆脱长期形成的思维定式和小农心态，因此在整个产业链环节中，处于前端养殖环节的经营组织弱势地位更加明显，进一步加大了龙头企业与农户对接的障碍。从目前公司制与合作经济组织制度特点来看，公司制企业制度构建的是一个开放性的“资本化组织”，而合作制经济组织则是一个以自我服务为主的经济组织，具有开放性差的非资本化组织特征。公司制企业制度追求企业资本最大限度地保值增值，可以为公司的长久发展和股东的最大权益去参与市场竞争，而合作经济组织多是以农牧民自助自立方式组成的非盈利性的互利互惠组织。特别是在股金分配上，合作社的股金入股自愿、退股自由，股金只能获得利息不能分红，且股金的利率又有严格的限制，一般不能超过市面通行的普通利率。公司制与合作制在机制、利益分配、生产成本等方面的不同无形中也增加了龙头企业与牧民合作组织联结的难度。

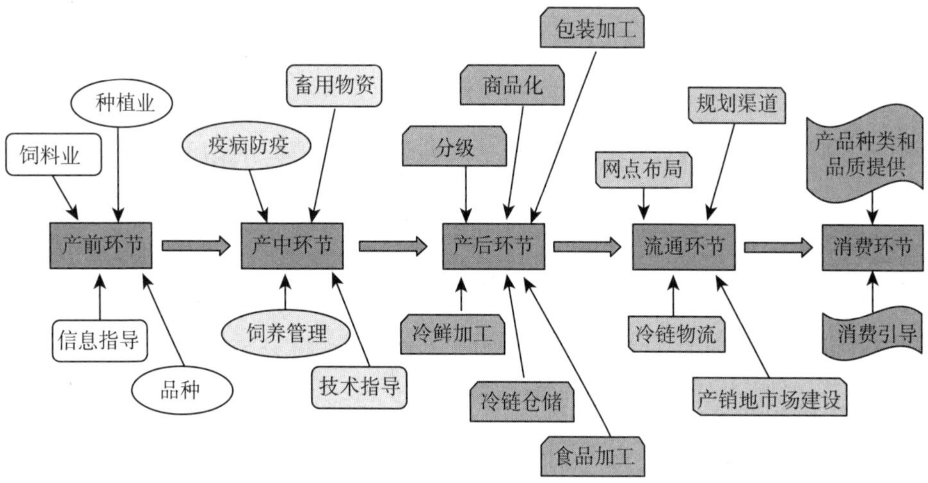

图3-2　畜牧业产业链各环节经营主体

（三）品牌概念模糊、建设管理不到位

品牌是人们对一个企业及其产品、售后服务、文化价值的一种评价和认知，是一种信任，也是一种商品综合品质的体现和代表。随着社会的进步和经济的发展、人民生活水平的提高，消费者结构也发生了很大变化，当维持生理需求的物质消费得到基本满足后，人们在精神方面的消费需求就表现得越来越突出，消费者在选购商品时，比以往更加注重心理和情感上的满足，此时，品牌的作用就变得越来越重要了，好的商品等于好的价格，这一点在服装、化妆品、家装及奢侈品消费上表现更为突出。受传统营销观念的影响，畜产品销售很大程度上依然处于“生产者-批发商-零售商-消费者”的传统模式，随着市场经济的发展，这种单一的营销和品牌传播渠道已不能适应品牌畜产品的建设与发展。同时，畜产品品牌建设方面的法律法规缺失，也难以有效遏制品牌侵害事件，面对疆外品牌的涌入，新疆畜产品品牌也面临着巨大的竞争压力，利益驱动下的盲目地方保护主义意识纵容了本地品牌的不正当竞争，品牌乱象削弱了产品的市场竞争力。目前，新疆巴口香系列产品虽然具有一定知名度和影响力，但在国内市场份额占比依然不高，一些县级品牌如“西域春”“西牧源”“旺源”等畜产品品牌知名度和影响力远不如新疆的红枣、葡萄、哈密瓜、馕、大盘鸡等商品，2015年《中国最具价值品牌排行榜》75个入选食品饮料行业品牌中，畜产品品牌只有9个，其中乳制品品牌6个、肉制品品牌3个；到2018年，来自食品饮料、纺织服装、文化传媒、信息技术、家用电器等在内的25个相关行业的品牌中，食品饮料业共有85个入选品牌，其中涉及畜产品的品牌有10个，包括伊利、蒙牛、完达山和飞鹤4个乳制品品牌，首农、双汇、金锣3

个肉制品品牌，以及鄂尔多斯、新希望、东阿阿胶3个品牌[①]，但作为牧业大省的新疆畜产品品牌始终未能进入500强名单；再从近年来国内外畜产品食品安全事件发生率来看，新疆几乎没有大的畜产品食品安全问题，所以品牌重视度和认识度不足不能不说是品牌发展的一大憾事。在管理上，缺乏理论指导和完整的品牌管理模式，在品牌定位上以自我为中心，忽视了目标消费者的需求，缺乏品牌管理、市场建设与培育、配售和服务网络、畜产品精加工与包装等相关方面的技术支撑和研发与创新能力，也是导致新疆生鲜畜产品品牌在市场上品牌认知度低的重要原因之一。

（四）牧业经营体合作意识和契约精神相对淡薄

就合作社而言，虽然能够在政府支持下正常运转，但也存在社员对合作社不了解、对合作社牵头人缺少信任和缺乏契约精神的现象，多数合作社内部制度不健全，管理混乱，面临资金和懂养殖、懂经营与懂管理的人才短缺等问题，目前大多合作社都是家族式或亲朋好友联户经营模式，可以维持小规模经营，但难以应对国内外市场波动，受经营方式、规模和市场制约，致使自身发展空间受限。同时受环境、资源、文化习俗、生产生活习惯等因素制约，目前新疆大部分牧民对新型牧业经营体的概念不够理解，害怕自身利益受损，而且部分地区的基层干部也缺乏相关培训技巧和切合实际的发展规划，加之一些“空心”“挂牌”等“僵尸”合作社的存在和影响，一方面造成合作社数量与质量的不统一，另一方面是管理方式复杂，导致农牧民对新型牧业经营体望而却步。据新疆维吾尔自治区农经局调查统计，2017年全疆8 866个村，

① 数据来源：世界品牌实验室。

有农民专业合作社20 960个，平均一个村2.38个合作社，但入社社员55.78户，仅占全疆总农户数的20%；和田地区在工商部门登记的合作社有1 800家，但在农经部门备案的合作社为673家，备案率只有37%；伊犁州在工商部门登记的合作社有2 500家，但在农经部门备案的合作社为1 358家，备案率为54%。此外，由于畜牧业生产的长周期和高风险特性以及市场因素的不确定性等因素影响，部分农牧民过于看重眼前的利益和趋向于风险最小化、收益最大化，即使与企业签订了合同，在市场价格高于企业的时候，农户选择将农产品卖给第三方的现象也多有存在，特别是市场价格的波动，也会导致企业或农户为降低采购成本或者增加生产收益而选择改变（放弃）既定的生产合同约定，造成另一方的利益受损。

现阶段牧业经营体主要以养殖大户、产业化龙头企业、畜牧合作组织、养殖小区为主，单以合作社组织形式来看，合作社应该是由成员所有，并为成员服务的企业，它既不是针对贫困者的慈善机构，也不是服务大众的公益组织，而是由一定范围内的人们为了满足共同的需要而组建的企业。既然是企业，就要以企业的规则去运作，但目前受专业化和组织化程度低、人员经营与管理能力和水平差等因素限制，加之支持和扶持合作组织发展的金融、保险、人才和体制机制方面的相关政策不够健全，大部分合作社既没有企业经营所必需的资产，也未能按企业方式去运行和管理，有些合作社虽然是由成员入股组建的企业，但还是以所有从事同行业生产的农牧民为交易对象，成员与非成员并无明显区别。加之合作社立法和相关法规的缺乏也影响着合作组织的规范化发展，没有合作组织立法就没有合作组织的法律地位，因此导致合作组织难以以独立法人身份与产业链相关主体进行交易，不仅影响其活动的开展，也难以保障其合法权益。

（五）缺少与现代畜牧产业融合发展相配套的社会化服务体系

《新型农业经营主体社会化服务报告》（健坤智慧农业，2018）中对2018年度新型农业经营主体调查数据显示，绝大多数的普通农户不了解农业生产的各类社会化服务内容，农户对各类具体服务的了解比例仅在2.74%～9.73%，家庭农场和专业大户了解程度相对较高，比例在12.55%～45.87%。各类生产主体接受或购买农业生产社会化服务占总体的比例也较低，普通农户接受或购买有关农业生产的各类社会化服务所占比例在0.87%～6.68%，家庭农场在4.66%～23.03%，专业大户在4.38%～35.20%。总体来看，目前我国农业生产社会化服务的有效供给能力和普及力度还比较低，不能完全匹配各农业生产主体对农业生产社会化服务的需求。

一二三产业的融合不是简单的1+2+3，而是一种包含1×2×3关系的相互依存发展模式。在1+2+3关系中，任何一个环节为0都只会减少输出，但在1×2×3关系中，任何一个环节为0，都会造成结果为0。随着国家产业发展政策的调整、畜牧业供给侧结构调整和草食畜牧业的转型发展，牧区生产方式、生产目标、生产目的都发生了很大变化，特别是生产经营也从传统的以满足自给的“万物俱全”式生产开始向通过交换满足他人需求的自给半自给性生产和专门化的大规模商品生产转变，伴随产业融合发展趋势，产业链链条也在不断延伸，经济体所需的服务从内容到类型也在随之变化，但与1+2+3和1×2×3发展模式相适应、相配套的服务体系依然不够健全，特别是跨地区、跨行业的金融、保险、适用技术成果、人才培养、市场信息等综合服务体系严重匮乏，尤其是能够为产业1+2+3或1×2×3融合发展提供技术服务和支撑的人才更为短缺。

人才短缺也是制约新疆新型牧业经营体发展的因素之一。受畜牧业行业特性影响，其经营主体主要聚焦在县、乡级区域，对人才吸引力较弱，加之在新疆特别是南疆地区县、乡、村级20～60岁能够用国语开展科技普及、政策宣讲、职业交流的从业人员极为短缺，因此在接收新技术、新方法、新思想时存在较大障碍。在对外交流、市场开拓和判断上也有明显约束，对新疆新型牧业经营体的发展有着一定的影响。

在金融服务方面，不同类型的新型农业经营主体所能获得的金融服务存在显著差异。与家庭农场和专业大户相比，龙头企业与合作社的规模更大、实力更强，因此他们无论在贷款渠道的数量上还是贷款数额上，实际贷款能力均比家庭农场和专业大户强。调查数据显示，近3年内，龙头企业通过正规金融机构或其他渠道贷款最大金额平均值为598.01万元，最大贷款期限平均值为2.39年；农民专业合作社通过正规金融机构或其他渠道贷款最大金额平均值为60.64万元，最大贷款期限平均值为1.70年。尽管新型农业经营主体拥有多元化的贷款渠道来满足融资需求，但是非正式私人借贷或人情借贷所占比重突出，在存在借款需求的企业中，亲朋好友成为企业第一大借款来源，商业银行位居第二。家庭农场和专业大户借款结构中，私人借款则明显占据主导地位，银行和信用社贷款处于次要地位。数据显示，2016年和2017年，家庭农场私人借款平均占比34.65%、34.69%，专业大户私人借款平均占比41.42%、40.02%。

在信息获取和信息服务上，新型农业经营主体信息获取对政府部门的依赖性较强，市场缺位严重。这说明当前自上而下的政府主导的新型农业经营主体信息供给模式与新型农业经营主体的信息需求存在脱节现象，导致信息无效；农业保险方面也存在险种供给不足、缺乏专业组织、保险条款宣传不到位等诸多问题。

三、新疆畜牧业经营主体合作机制分析

随着新疆畜牧业的转型发展，在政府的引导下，各种经营体开始出现。各种经营体内部以及经营体之间的合作方式、利益关系是影响经营主体长期发展的关键。通过对经营体的合作方式、经营体的利弊以及利益关系的阐述，深层次分析经营体的合作机制。

（一）畜牧业经营主体的特点

近年来，在国家、自治区各项惠牧政策的扶持下，草原畜牧业正朝着“集约化、规模化、产业化和设施化”方向稳步发展。但牧民组织化程度低、经营方式粗放、设施建设滞后、抵御自然灾害能力弱等问题，依然是畜牧业发展的障碍。因此，牧业经营体的发展，就为畜牧业的转型发展增添了动力；目前，新疆主要的牧业经营体有养殖大户（专业户）的经营模式、家庭牧场经营模式、联户经营模式、合作社经营模式和“企业+合作社+其他”等经营模式（表3-3）。

1.养殖大户（专业户）**经营模式**

养殖大户统指种植或者养殖的规模明显大于传统分散经营农户的养殖户，其主要特征是在家庭经营的基础上，牧民以家庭为单位，养殖的牲畜数量较多，以畜牧业收入为家庭的重要收入来源。养殖大户

以家庭自有劳动力和基本生产工具为主，并利用各级、各部门提供的社会化服务进行经营。目前，新疆的养殖大户主要集中在草原畜牧业生产区，养殖大户具有大面积的天然草场和牲畜数量；当然，养殖大户的牲畜养殖规模在各地区的规定各不相同。

表3–3　畜牧业经营体模式比较

模式类型	组织形式	优势	劣势
牧户（散户）	单户家庭独自经营	管理成本低，易于调整养殖数量和结构	饲养成本高，商品率较低，风险防范能力弱
养殖大户（家庭牧场雏形）	以家庭成员为基础，成员内部进行分工	易于管理，可有效降低饲养管理成本，具有一定的规模效益，易于调整养殖数量和结构	防范风险能力较弱，市场话语权和市场占有率不高
联户经营	以家庭成员、亲朋好友为基础建立的较为松散的合作模式	可有效降低饲养管理成本，具有一定的规模效益和风险防范能力	契约关系不紧密，组织管理较为松散，易受外界因素干扰导致信任危机
养殖合作社	按照合作社法及相关要求成立的专业合作组织	管理规范、服务能力较好，市场等风险防范能力较强，有益于规模化、标准化生产	管理透明度较低，管理者管理水平参差不齐，经营不够规范，影响合作社示范带动效应
龙头企业+合作社+农户	由龙头企业牵头发起，组织农户、合作社共同参与的经济利益联合体	管理规范、服务能力较好，市场等风险防范能力较强，有益于规模化、标准化生产	管理透明度较低，管理者管理水平参差不齐，经营不够规范，影响合作社示范带动效应

对养殖大户的认定目前没有特定的标准，通常采用农业部畜牧业数据统计监测的统一口径（表3-4）。主要的畜禽养殖品种大户标准如下：生猪：年出栏500头以上为规模场，年出栏50头以上为专业户；家禽：年出栏1万羽为规模场，出栏2 000羽为专业户；肉牛：年出栏50头以上为规模场，年出栏20头以上为专业户；肉羊：年出栏300头以上为规

模场，年出栏50头以上为专业户。

养殖大户保持了户营为主的特点，牧户的经济利益与其经营状况有着直接联系，经营状况较好，经济利益将会较大，反之，经济利益将会更小。养殖大户相对于散户来说，大户克服了经营规模过小的弱点，保留了家庭经营的优点，牧民的积极性能够得到充分的发挥。根据2013—2015年对部分养殖大户的实地调研看到，养殖大户的养殖基地平均为3 000米^{2}左右，固定资产投资为67万元，劳动力人数为3人，贷款数目为13万元，牲畜养殖量平均为733只，畜产品产值为60.8万元，净利润为23万元；但大多没有注册商标，没有获得有机认证，也没有得到相关财政资金的扶持。

表3-4　养殖大户与规模养殖场的划分

畜种	年出栏数	认定结果
生猪	500头以上	规模场
	50头以上	专业户
肉牛	50头以上	规模场
	20头以上	专业户
肉羊	300头以上	规模场
	50头以上	专业户
家禽	1万羽	规模场
	2 000羽	专业户

2.家庭牧场经营模式

家庭牧场是家庭农场的一个演变，家庭牧场是以家庭成员为主要劳动力，从事畜牧业规模化、标准化、集约化和商品化生产经营，并以畜牧业收入为家庭主要收入来源的新型牧业经营主体。

家庭牧场的特征包括：一是家庭经营。家庭牧场是在家庭承包经营基础上发展起来的，同一般的专业大户相比，家庭牧场在生产经营的稳定性、集约化水平和经营管理水平等方面具有更高的要求，但二者都属于家庭经营。家庭牧场经营单位的主体仍然是家庭，家庭牧场主是所有者、劳动者和经营者的统一体。在保留家庭承包经营传统优势的同时，家庭牧场也吸纳了现代农业生产要素，是对家庭承包经营制度的发展和完善。二是畜牧业生产的适度规模化。家庭牧场必须达到一定的规模，才能够融合现代畜牧业生产要素，具备产业化经营的特征。三是市场化经营。遵循市场和畜牧业生产规律，实现盈利才是维持家庭牧场持续发展的前提。四是企业化管理。改变松散性管理模式，用企业化管理制度管理家庭成员和家庭牧场的运行，规范的运营管理是保障家庭牧场可持续发展的基础。

农业农村部在“关于实施家庭农场培育计划的指导意见”中定义：家庭农场以家庭成员为主要劳动力，以家庭为基本经营单元，从事农业规模化、标准化、集约化生产经营，是现代农业的主要经营方式。从我国家庭农场政策可见，家庭农场具有国家承认的经营许可证，但种植业与养殖业在生产方式和产品商品化生产之间都有着很大的不同，因此也相对缺少对家庭牧场经营相关的政策扶持，本书中家庭牧场只是根据家庭农场的概念赋予的名称。新疆各县（市）根据其自身特点，形成了自己的家庭牧场模式，并且每个县（市）对本县（市）家庭牧场的评定标准不尽相同。随着家庭联产草畜双承包责任制和牧民定居工程的推行，新疆草原畜牧业生产经营方式发生了很大变化，一些畜牧业经营能手的牲畜饲养数量不断增加，成为养殖大户（家庭牧场的雏形）。如果按照牲畜拥有量作为确定家庭牧场的标准，存栏500只标准畜的牧户北疆已经占到总牧户数的0.6%左右，南疆占到0.3%；如果按0.4%计算，已有1 500多户牧户可以算作大规模的家庭牧场。调查中发现，虽然这部分牧户已具有较大的饲养规模，但距离家庭牧场的要求还有一定的差距，需要政府部门规范、扶持、引导其向标准化、规范化、商品化、产业化方向发展。

3.联户经营模式

联户经营模式是在家庭经营的基础上，对畜牧业生产资料进行联合经营的一种模式。不论是统计数据还是调查数据，不论是南疆还是北疆，都反映了一个不争的事实，就是随着人口的不断增加，小规模饲养户的数量占据了相当大的比例。这部分小规模牧户为了提高劳动效率，节约放牧成本，自发地形成了以两个或两个以上牧户，将所承包的草场和牲畜进行联户经营，这种经营模式还占有一定的比重。这也是由新疆的草场资源特点决定的，是当前新疆草原畜牧业转型的主要经营模式之一。但这种模式因缺乏规范化引导还处于初级阶段，牧户之间都是通过口头达成的协议进行合作，有很大的随意性，是牧户自发组织形成的。调研认为，目前联户经营模式基本是一种牧户之间的合作机制，牧户之间建立信任关系，并将生产资料联合，每户草场进行联合经营，牲畜实现统一放牧的形式。但目前农村劳动力向城市转移、农村留守人员劳动力不足、农村非农活动产生的收入占全年总收入比重在逐年增加，因此建立一种联耕联种联养联营的家庭农场模式，通过有组织的需求社会化服务，不仅可以有效利用土地等资源形成一定规模优势，同时也有助于拓宽农牧民增收渠道，获取更多农业收入。青河县阿热勒镇达巴特村立足距离县城近的地理优势，整合全村劳动力资源，引导村民就业由原来的自发性、临时性向有组织、长期性转变，由“各自为营”转为“联户增收”。村民沙亚·马勒其每天清晨带领联户成员将鲜奶统一灌装、集中销往附近村庄的便民服务超市和县城奶制品店，改善了以往村民售出的奶量少、供货分散的情况，实现了订单式销售。2019年全村129名劳动力实现了转移就业，人均年增收2万余元。

4. 牧民合作社经营模式

牧民合作社是牧民在家庭承包经营基础上，按照自愿联合和民主管理的原则组织起来的互助性生产经营组织。牧民合作主要包括生产合作、生产资料合作、农产品加工销售合作和金融信贷合作等。牧民合作社是通过牧民之间的合作与联系，能够解决牧户传统的家庭经营的规模化低下、经济效益低的问题，可以通过生产资料、技术、资金等合作，提高集约化水平。

牧民合作社的基本特征：一是家庭承包经营为基础。牧民合作社是以牧民为主体，牧民自愿组织，但不会改变牧民家庭联产承包责任制的组织。二是以服务社员为根本。牧民合作社是牧民或小生产者组成的利益共同体，根据组织成员的需要来开展经营活动，利用合作社的力量维护牧户的利益，提升牧户的市场地位，也就是所谓的“生产在家，服务在社”。三是具有互助性质。牧民合作社是牧业劳动者进行自我服务的经济组织，加入牧业合作社的成员，都是在畜产品生产、经营或销售领域提供服务的牧业生产经营者。这种互助性的特点决定了合作社“对成员服务不以盈利为目的”的经营原则。四是效率优先，兼顾公平。牧民合作社通过牧户之间经济联合的方式，优化牧业生产资料和各种资源的配置，根据市场需求，利用统一生产、统一经营和集体谈判等途径实现牧户利益的最大化。牧民合作社遵循牧民自愿加入的原则，规定牧民合作社的每个成员在组织内部的地位都是平等的，并且实行“社员民主管理原则”，在决策上坚持以人为本的“一人一票制”。合作社多由中小农户在自愿联合的基础上进行集体加工和销售，社内各项事务由所有成员共同协商，合作社的收入一般也是在扣除必要的开支费用和积累资金后，按照每个成员投入的多少进行分配。

从新疆阿勒泰地区青河县11个牧民合作社的调研分析来看，合作社的基底平均建设面积为1 500米^{2}左右，平均固定资产为226万元，平均劳动力人数为5人，平均年度劳动力培训4次，平均每个合作社贷款100万元，政策支持资金平均为66万元，平均畜产品产值为62万元，净利润为15万元。牧民合作社没有注册畜产品商标和开展有机认证。合作社多为家人或亲戚、朋友之间的合作，有一定的互助性，但在服务社员、维护社员权益、提升牧户地位特别是防范风险和利益分配方面较为薄弱。

5.“企业+”经营模式

在联合国粮食及农业组织的研究报告中，农业企业被认为是农产品价值链的非农联系环节。农业企业用订单合同或合作等方式与农户建立利益纽带，通过带动农户进入市场实现产供销、贸工农一体化，并且通过对农产品的加工、处理、运输和销售，将农业领域与消费者联结起来。农业企业包括农产品生产企业和为农产品的生产提供直接或间接服务的企业，其主要特征是：它们都是涉农的企业，可以是从事农产品产供销一体化经营的企业，也可以是从事一体化经营中某一个环节的企业；它们把农业产业链联结在一起，实现了农业产前、产中和产后的一体化经营，在进行管理创新的基础上降低了企业经营成本，多元化的运作更为明显；此外，同其他产业不同，农业在生产经营中还会受到自然因素的影响，农户需要承担比较大的自然风险，这就要求农业企业在产业化经营中能够为农户承担部分自然风险和市场风险。

从新疆“企业+”经营模式的调研来看，选择的国有牧场为且末县昆其布拉克牧场，农业企业有塔城地区三农农牧发展有限公司、玛纳斯县现代良种牛繁育有限公司、伊犁巴口香公司等四家，均具有企业牵头，联合合作社、养殖户提供生产加工用商品畜或牧草等，企业延伸有食品加工、餐饮服务等内容，有自己的冷链配送渠道和消费市场；“企业+合作社”模式经营的为“新疆大唐盛汇农牧业科技有限公司+塔城市博孜达克三牧养殖专业合作社”以及青河县广源种养殖专业合作社，都是在农业企业带动下从事畜禽养殖，以订单生产方式为企业提供商品畜。企业带动下的经营模式，基地建设面积较大，基地建设面积平均为60万米^{2}左右，固定资产投资平均每个企业为160万元左右，劳动力人数平均为200人左右，6个企业中注册商标达到4个，有机认证2个，畜产品产值平均为935万元，平均净利润为51万元。

（二）畜牧业经营主体合作利益关系分析

牧业经营体的利益关系的讨论，要从畜牧产业链来看，包括产前、产中、产后、流通和消费环节，每一个环节都有各自独立的运营形式和经营主体（图3-3）。产业链上各主体的利益分配形成了畜牧业产业的利益关系。

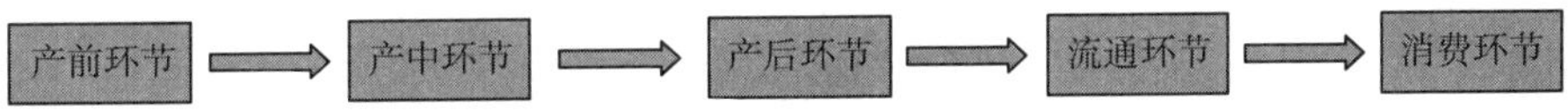

图3-3　畜牧产业链

畜牧产业依托组织架构的产业化经营模式处于散户转型至联户经营和家庭牧场的阶段。作为经营模式中的基本组成单元，联户经营组织、家庭牧场、合作组织、龙头企业和政府主导的服务机构进行密切合作、实现各种资源和功能优化配置，实现效益最大化。如“活畜市场（专业市场）+政府主导的服务机构+龙头企业+家庭牧场（联户经营）”的产业化发展模式。在政府的领导下，或者龙头企业的带动下，建立活畜交易市场，通过拓展牲畜的销售渠道，带动有组织的牧户规模化养殖。“龙头企业+合作组织+联户经营（家庭牧场）+政府主导的服务机构”也是一种比较高级的综合经营模式，其特点是合作组织由牧户（家庭牧场）组织成立，组织代表牧户（家庭牧场）利益协调与龙头企业、政府主导的服务机构的关系。政府主导的服务机构为各自单元提供服务，龙头企业与合作社签订购销合同，统一支付收购款，并给予适当的资金、技术支持和必要的人才培训，合作组织为牧户（家庭牧场）提供饲养管理技术。因此，牧业经营体合作的利益关系，根据各经营体不同的性质进行组合，形成各具特点的利益联结关系；根据牧业产业链分析，牧业经营体的合作是一二三产业的融合，从整体上真正解决畜产品销售问题，各环节的利益联结关系形成了产业融合的条件。研究发现，在牛羊养殖到商品销售的全产业链中，销售环节利润分配最高，其次是屠宰加工环节，作为畜产品商品化生产的主要原料生产方，养殖环节利润最少，同时养殖成本高，经营风险大，是整个产业链中最为薄弱的环节，但对畜产品市场的稳定与畜产品质量的保障有着直接的利害关系，因此如何通过政策扶持和引导，科技技术的支撑提升养殖环节的利润及抗风险能力，建立全产业链各环节利益联结机制，对畜牧养殖产业的发展将起到至关重要的作用。

第四章 新疆畜牧业产业政策的发展与演变

改革开放以来，我国畜牧业得到快速发展，畜牧业已成为当前农村经济中相对独立的产业。畜牧业上联种植业，下带加工业，产业关联度非常强，畜牧业的发展是反映一个国家农业发展水平的重要标志。畜牧业的发展对保证国家食物安全、增加农牧民收入、促进国民经济各产业协调发展意义重大。

近年来，国内外环境的变化对中国畜牧业生产经营和发展带来了巨大的影响和变化，面临的形势和挑战也非常严峻。从国内方面看，随着工业化和城镇化的快速发展，资源环境对畜牧业发展的制约作用日益突出；从国际方面看，全球经济复苏进程缓慢，全球供给结构呈现明显变化，农产品贸易自由化的潮流扩大了国内以农牧户为主体的畜产品生产经营的市场风险，中国畜牧业面临着结构调整、产业升级等诸多压力。畜产品供给、农牧民增收、畜牧业可持续发展急需强有力的政策支持。

一、国内畜牧业相关政策研究评述

改革开放前，国内关于畜牧业甚至农业的支持政策方面研究较少，改革开放以来，才有学者开始研究农业政策支持问题，也主要是围绕粮食作物展开的，加入WTO以后，也有学者开始关注个别畜产品生产的支持政策。国内学者对畜牧业支持政策的研究主要可分为以下几个方面。

（一）关于畜牧业支持政策必要性的研究

是否实施国内支持政策，国内曾经有较长时间的争论，程国强（1993）认为中国农业发展面临增长乏力、比较利益低、农牧民收入增长缓慢的问题。随着经济发展及人口增长对农产品需求的刚性扩大，农业资源不足与需求增加的矛盾更加突出，因此必须要对农业实行保护战略。田允波、李焕友（2000）认为WTO农业协议以实现全球农产品贸易自由化为目标，它的生效将引起世界农产品价格、市场开放、进出口贸易格局以及农产品国际贸易规则等方面的显著变化，这将不可避免地影响到越来越国际化的中国畜牧业，WTO虽然给中国畜牧业带来机遇，但同时也有挑战，但是关税下降等诸多条件也势必冲击中国乳制品、羊毛、肉类等畜产品生产，因此政府应该尽快调整畜牧业发展思路和相关战略，强化畜牧业扶持力度。极少数学者持有不同看法，蔡昉（1993）认为对中国农业无论是现在还是今后都不宜实行补贴政策，而是应该选择农业贸易自由化政策，并且应该发扬比较优势，积极参与国际竞争与国际分工。林毅夫则认为巨额的财政补贴对于当时的财政收入是很难负担的，而且财政补贴很有可能会造成生产过剩，但是农业补贴一旦开始实施又不能轻易取消，与此同时也要看到政策执行难度也比较大，因此他主张不应该增加各项补贴支持政策。经过几年的讨论与研究，目前已形成较为一致的认识，在发展中国社会主义市场经济和改革开放的条件下，应该给予适度的支持。

（二）关于畜牧业发展状况及政府支持政策导向的研究

刘少伯（1986）认为畜牧业经历的生产阶段不同，国家在各阶段采取的方针政策也相应有所区别，畜牧业发展的初级阶段，适用的技术装备、科技水平和管理方式都比较原始，畜种的生产能力比较低，政府应该注意畜牧业的脆弱性，建立牲畜的保护体系，包括制定法规、改进兽医机构管理体制，注意家畜和饲料的平衡关系，尽量运用政策、控制投资、价格、技术和管理制度，协调原料和初级产品的供应，引导和扩大畜产品的销售；畜牧业发展如果进入专业化阶段，应加强扶持初级阶段中畜牧业的“尖子户”和“专业户”，重视改进技术装备；高度发达的畜牧业应该进入社会化管理阶段，其管理主要体现在能够协调平衡复杂的畜牧生产的自上而下的管理体制、从生产到消费市场管理、良好的供应和服务体系以及高度发达的畜牧兽医科学技术管理。王明利（2012）认为中国畜牧经济体制改革不断深化，现在已处于产业化快速发展时期，畜牧业产业化发展的管理体制存在着部门分割、畜产品加工严重滞后等问题，应该加强政府对畜牧业产业化发展的政策引导，加大对龙头企业的扶持力度、增加对畜牧产业化发展的投入，确保政府投资及时到位，对龙头企业实行税收优惠，信贷资金向畜牧业基础设施倾斜，重点扶持农民发展规模饲养等。由农业部、中国农业科学院组成的现代畜牧业课题组（2006）指出，中国各地畜牧业生产条件和发展水平有很大差异，不同地区畜牧业的发展战略应该根据不同的地域采取不同的措施，农区畜牧业、城郊畜牧业和牧区畜牧业各有不同的政策扶持重点。李瑾（2008）基于对中国畜产品消费分析的基础上，认为将来城乡居民对不同畜产品的消费趋势各有不同，按照由小到大的顺序分别是猪肉、禽蛋、禽肉、牛羊肉和奶及奶制品，鉴于国内生猪产业、禽类养殖业发展较为迅速、牛羊养殖发展缓慢的现状，畜牧业生产结构调整方向应该适应消费结构的变化，提出促进养殖生产结构调整的生产发展促进政策。浦华、王济民（2008）认为中国正处于现代化畜牧业的关键阶段，面临着疫病防控、畜产品质量安全、饲料资源约束等问题，今后应该加快畜牧业生产方式的转变，政府应在资金、贷款和土地等方面加强扶持，避免畜产品供给大幅波动，保障畜产品供应，建立重大动物疫病损失补偿基金，畜产品收购储备制度、启动种畜禽的政策型保险，探索建立政策性信用担保制度等。结合前人的研究结论与观点，笔者也认为政府在制定畜牧业发展相关扶持政策时，需要综合考虑畜牧业本身的生产特点、关联行业政策影响，以及面对的自然、市场等风险因素，以保障全产业链的稳定发展。

（三）关于畜牧业支持政策定量分析的研究

中国目前的定量分析研究大都借用了国外农业保护水平的测算和评估模型，并结合中国的实际情况，对个别年份的农业保护水平进行测算。张莉琴（2001）利用OECD的方法测算了1990—1999年中国主要农产品的生产者支持估计和消费者支持估计，农产品的PSE呈上升趋势，但是仍表现为负保护，唯一测算的畜产品猪肉的PSE提高不明显，并且也是显著的负支持水平。朱希刚、万光华、刘晓展等（1996）按照OECD的方法对中国1993年和1994年的农产品生产者补贴等值进行了测算，其中猪肉、牛肉、羊肉等主要畜产品的生产者补贴等值均为负值，而且负保护程度高于粮食作物。钱克明（2003）利用生产函数模型分析了中国绿箱政策的支持结构和效率。李先德（2005）、宗义湘（2006）运用OECD的政策评价方法和主要评价指标，测算了1994—2003年中国农业政策对农业的支持水平，研究发现，中国农业支持水平总体呈上升趋势，但1994—2000年间，中国的PSE为负值，直到2001年后才转变为正值。程国强（2012）利用OECD的方法对中国1993—2010年的主要农产品的生产者支持估计值进行测算，根据测算结果指出，中国农业的支持政策1993年以前属于负保护，1993—2000年从负保护向正保护转变，2001年至今则是支持水平快速增长阶段，而且还对不同的支持工具对农民的收入和农产品供给进行了实证分析，由于各位学者测算时对政策分类和数据处理方式不同，计算结果存在一定的差异，而且目前已有的文献中大都只显示了测算结果，对具体测算的过程并没有详细的说明，因而也无法得出差异存在的具体原因。

二、不同阶段新疆畜牧业支持政策的发展与演变

纵观国家农业政策的发展与演变，先后经历了从新中国成立初期以解决温饱、满足自给为主线的政策扶持逐步发展到今天以质量谋发展的开放共享的扶持政策，这期间经历了挫折与困难，也走了很多的弯路，但在每一个关键节点上，政府都能够做到力挽狂澜，及时对出现的问题进行分析并出台新的政策措施，既保证了国家宏观政策的稳定，也放活

了微观政策，同时发挥了社会政策的托底作用。

新疆畜牧业在从计划经济向中国特色社会主义市场经济的发展历程中，同样经历了从温饱型、数量型、质量型和生态与经济效益并重型等发展阶段，产业扶持政策也随着各阶段的特点在发生作用的同时进行着不断地调整和完善，以保障新疆畜牧业的稳定和可持续发展。新疆畜牧业的发展进程可大致划分为五个阶段：第一阶段是改革开放前，工业化发展基础上的畜牧业温饱型发展阶段。这一时期畜牧业属于家庭副业，生产力水平比较低，牧区畜牧业主要以单一经营和自给自足为主，在农业中处于补充地位。第二阶段是改革开放初期，畜牧业数量型发展阶段。随着经济的发展和畜牧科技的进步与推广运用，畜牧业生产全面快速发展，以数量型畜牧业的快速增长，实现了畜产品供需基本平衡的历史性跨越，奠定了农业支柱产业的地位。第三阶段是效益型发展阶段。这一阶段是社会主义市场经济建立初期的调整优化时期，该时期随着人民生活水平和生活质量的提高，对畜产品的质量要求也不断提升，畜牧业进入以提高质量、优化结构和增加效益为主的发展阶段。第四阶段是质量与效益并重型发展阶段。这一阶段国家提出坚持“多予少取放活”和“工业反哺农业、城市支持农村”的方针，陆续实施了一系列惠农支农政策，畜牧业发展向效益型、规模化发展转变。第五阶段是生态保护与经济效益并重型发展阶段，这一阶段新疆主动适应经济社会发展新常态，面对日益严峻的人口环境资源矛盾，紧紧围绕推进畜牧业供给侧结构性改革总体要求，以生态文明建设和畜牧业绿色发展为重点，推动新疆畜牧业由粗放高耗型向绿色高效型转变。国家对农业扶持力度的加大，为新疆畜牧业的发展和扶持政策与措施的制定奠定了基础。

(一) 工业化发展基础上的畜牧业温饱型发展阶段（1953—1977年）

国家提出在集中力量进行工业化建设的同时，加快推进各经济领域的社会主义改造，建立了对农业、手工业、私营工商业进行社会主义改造的基础。1953年开始，农村开始进行农业合作化，合作化开始之初是以农民自愿为原则，渐进推进。到1955年，由于工业化的需要，合作化运动出现了超高速度发展的猛烈浪潮，合作化进程被大大提前，虽然在农业领域建立了社会主义制度，但仍有许多遗留问题。资本主义工商业的社会主义改造在1953年年底以前着重发展以加工订货为主的初级与中级国家资本主义形式，从1954年起，开始转入重点发展公私合营这种高级形式的国家资本主义。1955年开始，随着农业合作化的加速，工商业的社会主义改造也随之加速。到1956年，除了部分少数民族地区外，全国的资本主义工商业基本实现了公私合营，完成了社会主义改造。从社会主义改造的历史进程中发现，为了满足重工业的快速发展，农业与工商业的社会主义改造被人为加速，虽然在短期内建立了社会主义国家的经济基础，但是遗留下了许多问题，仍在对中国经济的整体发展产生着深刻的影响。1957年全国农业总产值完成原计划的101%，比1952年增长25%，平均每年增长4.5%。粮食产量1957年达到1 950亿千克，比1952年增长19%；棉花产量为3 280万担，比1952年增长25.8%。粮食和棉花年平均增长速度，分别为3.7%和4.7%。五年内全国扩大耕地面积5 867万亩。1957年全国耕地面积达到16.745万亩，完成原定计划101%。五年内全国新增灌溉面积21.810万亩，相当于1952年全部灌溉面积的69%。虽然1954年因为没有完全弄清楚全国粮食产量的情况，出现了向农民多购粮食，引发部分农民的不满情绪，但通过1955年定产、定购、定销的粮食政策，不仅安定了农民的情绪，也提高了他们的生产积极性。截至1957年年底，新疆牲畜存栏头数达到2 046万头，较1949年增加73.04%，在第一个五年计划期间，出口的畜产品总量值达13 950万余元，换回了大量工业器材和设备，有力地支援了工农业建设。在这几年内，农民的农业税负担逐步稳定，还适当提高了粮食的收购价格，在农业生产不断发展的基础上，农民生活也得到了改善。

这一时期畜牧业的经营主体以地方国营牧场和公私合营牧场为主，通过发放生产贷款和生活救济，提高畜产品收购价格，逐步引导广大牧民走上互助合作的道路。1960年，新疆按照“调整、巩固、充实、提高”的方针，调整了牧区经济体制和经济政策，给人民公社社员发放了自留畜，增加了牧业建设投入、动物疫病防治和生产实用技术的推广与培训以及当时建立的地方国营牧场和公私合营牧场等，很好地发挥了社会主义全民所有制畜牧业经济的优势和示范作用，使畜牧业保持了良好的发展势头，截至1958年年底，全疆牧业合作社发展到1 716个、公私合营牧场54个，入社入场的牧户占80%，入社牲畜占50%，建成牧业人民公社124个，1958年已基本完成了牧业的社会主义改造任务。

（二）畜牧业数量型发展阶段（1978—1992年）

1978年，安徽凤阳小岗村18位农民决定集体土地实行大包干经营引发了自下而上的农村改革，实践证明农村改革势在必行。1982年《全国农村工作会议纪要》提出，包产到户、到组，包干到户、到组，都是社会主义集体经济的生产责任制，明确“它不同于合作化以前的小私有的个体经济，而是社会主义农业经济的组成部分”。并第一次以中央的名义取消了包产到户的禁区，且宣布长期不变。并强调尊重群众的选择，不同地区、不同条件，允许群众自由选择。同时还提出疏通流通领域，把统购统销纳入改革的议程，有步骤地进行价格体系的改革。1983年中共中央印发《当前农村经济政策的若干问题》。从理论上说明了家庭联产承包责任制“是在党的领导下中国农民的伟大创造，是马克思主义农业合作化理论在我国实践中的新发展”。文件提出了“两个转化”，即促进农业从自给半自给经济向较大规模的商品生产转化，从传统农业向现代农业转化。同时提出我国农村应走农林牧副渔全面发展、农工商综合经营的道路；适应商品生产的需要，发展多种多样的合作经济，合作经济的生产资料公有化程度，按劳分配方式以及合作的内容和形式，可以有所不同；要坚持计划经济为主，市场调节为辅的方针，调整购销政策，改革国营商业体制，放手发展合作商业，适当发展个体商业。并强调，稳定和完善农业生产责任制，仍然是当前农村工作的主要任务。针对1984年前20多年农村实行统购派购制度，农村产品交易均由公营商业高度垄断，而资金、土地、劳动力流动又受到多重限制等实际情况，农村经济迫切要求放松历史上多年形成的政府垄断、管制，及其他阻碍农民进入市场的规定，以利于发展商品生产，摆脱穷困。因此1984年确立的农村工作重点是：在稳定和完善生产责任制的基础上，提高生产力水平，疏理流通渠道，发展商品生产。并在《关于1984年农村工作的通知》中提出，延长土地承包期，土地承包期一般应在十五年以上……允许有偿转让土地使用权；鼓励农民向各种企业投资入股；继续减少统购派购的品种和数量；允许务工、经商、办服务业的农民自理口粮到集镇落户。在实行了农村联产承包责任制之后，1985年又在改革农产品统购派购制度、调整产业结构方面迈出了重大的一步。出台的《关于进一步活跃农村经济的十项政策》明确提出，“从今年起，除个别品种外，国家不再向农民下达农产品统购派购任务，按照不同情况，分别实行合同定购和市场收购”。于是，30年来的农副产品统购统销制度被取消。但由于未能及时调整工农、城乡的利益分配关系，农业生产中出现了一些问题。对此，1985年年底的农村工作部署中强调“摆正农业在国民经济中的地位”，并出台《关于1986年农村工作的部署》的文件。1982—1986年的五个中央一号文件就稳定和完善联产承包责任制、扩大市场调节力度，取消农副产品统购派购等问题进行了部署与实施。自此从试行家庭联产承包责任制、突破计划经济模式开始，初步构筑了适应发展社会主义市场经济要求的农村新经济体制框架。这一时期，中国的畜牧业发展十分迅速，牲畜存栏数量从1978年的2 476.78万头（只）增长到1992年的3 495.41万头（只），出栏头数从1978年的460.41万头（只）增加到1992年的1 397.04万头（只）；畜牧业产值从1978年的209.27亿元迅速增加到1993年的3 014.40亿元，年均增幅19.46%；全国肉类产量从856.30万吨增加到3 225.30万吨，年均增幅9.24%；牛奶产量从88.30万吨增加到498.60万吨，年均增幅12.23%；从1978年到1985年仅用7年时间就发展成为世界第一禽蛋生产大国。畜产品的有效供给能力大大提高，畜牧业在农业和农村经济的地位和作用逐渐增强。

十一届三中全会后，自治区党委先后颁布了《关于发展畜牧业的方针和若干政策的规定》(草案)、《关于农村牧区若干政策问题的补充规定》(试行草案)、《关于当前农牧区经济政策的若干试行规定》和《新疆草场管理条例》，在政策、资金、物质和技术等方面加大了对畜禽饲养专业户的支持和投入。牧业科研与技术推广体系的健全、科技普及及牧业投入的增加、牧区水利等草原基本建设的加强和畜牧业内部结构的调整等一系列政策的实施，为畜牧业向商品生产转化和走向市场打下了基础，并取得1978年以来连续8年的畜牧业丰收。畜牧业产值（按1980年不变价格计算）由51 570万元增加到86 651万元，增长68%，平均年递增6.7%。这一时期畜牧业支持政策的主要特点有：

1. 畜牧业支持政策的主要目标是提高畜产品产量，实现畜产品的自给自足

1980年3月，农业部《关于加快畜牧业发展的报告》中提出发展畜牧业的具体政策，如“集体养畜可以由社队建立专业场、专业队、专业组饲养，也可以由社员包养；要放开牲畜市场，坚持收购畜产品的奖励政策”。此后畜牧业经营主体主要以家庭联产承包责任制、草畜双承包责任制为主开始大范围推行，农牧户的生产热情被激发，积极性大大提高，当时中国正处在经济短缺时期，畜产品需求旺盛，因此这段时期畜牧业政策的主要目标是提高畜产品产量，实现畜产品的供需平衡。

新疆1985年发布了《新疆畜牧业发展区划》，规划将阿尔泰山南坡分为肉羊、牛、马、细毛羊、驼、山羊区；准噶尔西部山地为毛肉兼用细毛羊、兼用牛、马区；天山北坡为毛肉兼用细毛羊、牛、猪、马、驼、禽区；天山南坡为细毛羊、肉羊、兼用牛、牦牛、马、驴、山羊区；塔里木河流域为羔羊皮、兼用牛、驴、山羊、驼区；昆仑山北麓为半粗毛羊、牛、驼、山羊区等6个一级畜牧业区和17个二级畜牧业区。但随着市场对畜产品需求的变化以及国际市场大宗畜产品市场价格的变化等因素影响，自治区党委和政府在加快发展北疆牧区经济工作会议上提出了牧区畜牧业、农区畜牧业和城郊畜牧业共同发展的方针，同时提出要建立稳固的畜牧业商品生产基地，新疆畜牧厅也对畜种结构和牲畜品种区划进行了调整。对阿勒泰地区因冬春严寒，不易饲养细毛羊，而转为重点发展肉羊生产；南疆多荒漠草原，重点以绒山羊基地建设为主。在畜种结构中也把牛、羊、猪、禽作为发展重点。在1988年新疆肉食供应出现短缺时，为进一步提高畜产品产量，实现畜产品的供需平衡，新疆畜牧厅提出了“以扩大肉食生产为中心，全面发展我区畜牧业”的畜牧业发展方针。

2.放开畜产品价格和改革畜产品流通体制促使畜牧业生产水平全面上升

1984年，随着国家畜产品市场开放政策的实施，绝大多数畜产品都可以随行就市，进行多渠道经营，到1985年，猪肉、蛋、禽、牛奶等畜产品价格也完全放开。随着国务院《关于进一步活跃农村经济的十项政策》发布，畜产品流通体制也开始进行改革，畜产品由国家独营的格局转变为国家、集体、个人多种经济成分和经营方式并存的局面，畜产品购销渠道单一和畜产品周期性买难、卖难等问题也得以解决。畜产品价格的放开也促进了农村集市贸易的快速发展，畜牧业也逐渐摆脱了计划经济的束缚。

国务院《关于进一步活跃农村经济的十项政策》以及自治区相关配套政策措施的出台，也促进了新疆畜产品商品率的大幅上升，1980—1995年，畜产品综合商品率由52%上升到60.78%，其中出售各类牲畜已由80年代初的30%增加到68.04%，牧区达到67.72%，其中纯牧业县为68.49%，半农半牧业县为66.51%，牧区出售总头数达到457.02万头，占全疆总数的39.28%，人均出售1.09头，高于全疆0.70头的平均水平，其中纯牧业县达到人均出售1.48头的水平。伴随着畜产品市场的开放，畜产品贸易加速向市场多元化、自由化转变，1995年新疆全区集市贸易市场发展到1 296个，畜产品成交额达到19.48亿，较1985年的2.18亿元增长了7.94倍。其中，肉蛋禽类由1.29亿元增加到15.82亿元，大牲畜交易额由8 881万元增加到3.66亿元，分别增长了11.26倍和3.12倍。

3. 财政用于畜牧业的投入开始增加

在此期间国家开始加快畜产品生产基地的发展，建立了一批肉蛋奶等生产基地及良种繁育、饲料加工等服务体系，促进了畜牧业向商品化、专业化方向发展。从1983年起的5年间全国共建成556个畜禽产品生产基地，其中生猪为226个，肉牛为72个，禽肉基地为14个，奶山羊、肉羊等其他特种畜产品为193个，细毛羊和半细毛羊为51个。

政府对畜牧业进行多方位的财政支持，1977—1994年，新疆畜牧业事业累计支出6.7亿元，年均增长32.5%，增长速度明显高于同期地方财政支出和财政支农支出的增长速度，牧业基本建设支出，“六五”期间为4 393万元，“七五”期间为8 205万元，到“八五”期间增加到8 385万元，多年的资金投入取得了一定的成效，在草场建设方面采取飞播、补种、围栏封育等综合改良措施，改良草场面积累计达920万亩，开发建设草料地347万亩，在技术服务体系建设方面，新疆畜牧业、兽医、草原三站建设，品种改良、疫病防治、畜产品商品基地建设等诸方面都取得了较大的进展，有力地保障了新疆畜牧业生产的发展。

（三）畜牧业效益型发展阶段（1993—2006年）

1993年，党的十四届三中全会通过了《中共中央关于建立社会主义市场经济体制若干问题的决定》，中国进入了工业化快速发展阶段，畜牧业也进入了新的发展阶段。但农民增收困难依然是制约农业农村发展的突出问题，城乡居民收入差距由20世纪80年代的1.8：1扩大到3.1：1，农民增收困难不仅制约了农村经济发展，也影响了整个国民经济的增长。2004年出台的《中共中央 国务院关于促进农民增加收入若干政策的意见》提出，要“坚持‘多予、少取、放活’的方针，调整农业结构，扩大农民就业，加快科技进步，深化农村改革，增加农业投入，强化对农业支持保护，力争实现农民收入较快增长，尽快扭转城乡居民收入差距不断扩大的趋势”，有效保护和调动了农民积极性，农村呈现出良好的发展局面。但农业依然是国民经济发展的薄弱环节，投入不足、基础脆弱的状况并没有得到很好的改变，粮食增产、农民增收的长效机制也没有完全建立，保持农村发展好势头的任务依然非常艰巨。2005年2月下发的《中共中央 国务院关于进一步加强农村工作提高农业综合生产能力若干政策的意见》指出，当前和今后一个时期，要把加强农业基础设施建设，加快农业科技进步，提高农业综合生产能力，作为一项重大而紧迫的战略任务，切实抓紧抓好。并强调，要“以严格保护耕地为基础，以加强农田水利建设为重点，以推进科技进步为支撑，以健全服务体系为保障，力争经过几年的努力，使农业的物质技术条件明显改善，土地产出率和劳动生产率明显提高，农业综合效益和竞争力明显增强”。2006年出台的《中共中央 国务院关于推进社会主义新农村建设的若干意见》指出，建设社会主义新农村是中国现代化进程中的重大历史任务。农村人口多是中国的国情，只有发展好农村经济，建设好农民的家园，让农民过上宽裕的生活，才能保障全体人民共享经济社会发展成果，才能不断扩大内需和促进国民经济持续发展。

到20世纪90年代后期，中国主要畜产品总量已经实现了供需平衡，但结构性、地区性相对过剩和畜产品质量安全问题仍然存在，这一时期畜牧业支持政策的主要特点有：

1. 畜牧业支持政策的主要目标是优化畜牧业生产结构，促进畜产品由数量增长型向质量效益型转变

1999年，国务院办公厅转发了《关于加快畜牧业发展的意见》。2001年根据市场需求和资源优化配置的要求，农业部明确提出畜牧业结构调整的方向，《意见》提出："稳定发展生猪和禽蛋生产，加快发展牛羊肉和禽肉生产。突出发展奶类和羊毛生产；加快改变养殖方式，调整、优化畜牧业结构和布局，加强良种繁育、饲料生产和疫病防治体系建设，提高生产效率，经济效益和畜产品质量安全水平。"2001年农业部正式启动"无公害食品行动计划"试点城市定点监控计划，2002年逐步在全国范围内推行。2004年农业部发布了《关于推进畜禽现代化养殖方式的指导意见》，积极促进畜牧业养殖方式向规模化、标准化和产业化转变。根据党和国家在此期间的一系列政策，畜牧业结构调整力度加大。从主要畜产品产量看，猪肉比重下降，牛羊肉和禽肉比重上升，禽蛋和其他畜产品的增长速度也明显加快。2006年猪肉产量占肉类总产量的65.60%，比1994年减少了5.63%；牛肉、羊肉和禽肉产量占肉类总产量的比重分别是8.13%、5.13%和20.24%，分别比1994年增长了0.87%、1.56%和3.46%，奶产量3 302.5万吨，是1994年的4.4倍，并首次进入世界前3名，绵羊毛产量38.88万吨，比1994年增长52.65%，从畜产品质量管理方面看，1999年以来，农业部每年制定80余项行业标准，对畜产品质量监管发挥了重要作用。2006年，通过无公害认证的企业达到2 283家，中国绿色畜禽蛋奶等产品生产达到384万吨。

1995年从新疆9个地州中选出阿勒泰市、富蕴县、哈巴河县、伊宁县、新源县、霍城县、昭苏县、和静县、莎车县、叶城县、疏附县、额敏县、沙湾县、乌苏市、奇台县、昌吉市、拜城县、库车县、墨玉县、和田县、特克斯县、乌鲁木齐县22个县作为养殖业大县和生产万吨肉的县。2001年“十五”规划中提出六大基地建设规划，其中：牛奶基地以“一线三片”为基本布局，即牛奶生产和乳品加工业沿天山北坡乌伊公路一线布局，以伊犁地区、石河子，乌苏、乌鲁木齐，昌吉为重点发展片区。除伊犁地区以乳肉兼用牛为主外，其他片区以荷斯坦牛为主，同时还强化了阿克苏、巴州和吐哈三大石油基地的奶业发展。按照自治区畜牧业发展的总体规划，畜牧业内部结构也向着牛奶、牛羊肉和细羊毛三个优势产业带方向进行调整，来自优势产业带的牛奶、牛羊肉、细羊毛占全区产量的81.6%、80.0%和76.6%。而且能繁母畜比例达到了61.3%，家畜畜禽结构趋于合理。天山北坡经济带和城郊畜牧业也得到了快速发展。以鸽子、马鹿、牦牛、马、驴、珍禽为主的特色养殖成为新疆畜牧业产业结构调整的新亮点。无论是牲畜头数还是提供的产品数量，新疆牧区都占有主导地位，而且牧区畜牧业所提供的畜产品在新疆也占有重要地位。

截至2006年年末，全疆牲畜存栏5 339.71万头（只），肉类总产158.21万吨，奶类总产187.82万吨，绵羊毛总产8.96万吨，山羊绒总产0.13万吨，共有地方国营牧场183个，牧区人均占有牲畜24头（只），牧民人均收入1 900元，低于新疆牧区农牧民人均收入的2 742元。

2.用于农业基础设施建设的财政投入明显增大

1993年《农业法》明确要求：“国家财政每年对农业总投入的增长幅度应高于国家财政性收入的增长幅度”。因此国家财政用于农业的支出增加到3 173亿元，年均增幅16.03%；1994年农业基本建设支出为107亿元，2006年增长到504.3亿元，年均增幅13.79%，其中，1998年国家实施积极财政政策，当年增发的1 000

亿元国债中，35%用于农林水利和生态工程建设，财政用于农业的支出1 154.76亿元，农业基本建设支出460.7亿元，占全部农业支出的39.90%，其增量部分占当年农业支出增量的77.48%。

随着国家西部大开发和生态农业工程建设战略的实施，自治区将畜牧业作为实施优势资源转换战略和加快农业农村经济发展的突破口之一，给予了强力推进。自治区党委、人民政府先后于1996年、2002年和2008年三次召开自治区畜牧业工作会议，出台了《自治区党委、自治区人民政府关于加快发展畜牧业若干问题的决定》和《自治区党委、自治区人民政府关于加快现代畜牧业发展的意见》，以“改造提升传统畜牧业、开拓创新现代畜牧业”为方向，积极推进农业农村经济结构由以种植业为主导向以畜牧业为主导转变，狠抓现代畜牧业“六大体系”和“五化”建设。

3. 农牧户的牧业税、屠宰税等税收负担逐渐降低

农业税条例自1958年就开始实施，后来执行的农业个税包括农业税、农业特产税和牧业税，随着财政实力的不断增强，2000年中央启动农村税费改革试点，逐步取消了乡统筹、农村教育集资等专门向农民征收的行政事业性收费，取消屠宰税。2005年全面取消牧业税，2006年1月1日起，中国全面取消农业税。从1999—2006年，牧业税、屠宰税等与畜牧业有关的税收逐年降低，2004年开始有了明显的下降，农牧户的税收负担逐步降低，见表4-1。

这一时期新疆畜牧业进入调整、改革、全面发展时期。畜牧业经营主体以养殖专业户为主，自治区党委先后颁布了《关于发展畜牧业的方针和若干政策的规定》（草案）、《关于农村牧区若干政策问题的补充规定》（试行草案）、《关于当前农牧区经济政策的若干试行规定》《草原法》和《新疆草场管理条例》，在政策、资金、物质和技术等方面加大了对畜禽饲养专业户的支持和投入。牧业税的改革和减免、牧业科研与技术推广体系的健全、科技普及及牧业投入的增加、人工草场、飞播种草、草场围栏、牧区水利等草原基本建设的加强，以及畜牧业内部结构的调整等一系列政策的实施，为优化畜牧业生产结构，促进畜产品由数量增长型向质量效益型转变打下了基础。

表4-1 1999—2006年牧业税、屠宰税情况

年份	牧业税（万元）	屠宰税（万元）
1999	27 994	285 631
2000	27 245	317 660
2001	3 943	246 681
2002	14 234	98 266
2003	14 865	22 892
2004	8 102	262
2005	87	49
2006	0	5

资料来源：《中国统计年鉴》。

（四）数量与质量并重型发展阶段（2007—2012年）

进入21世纪以来，农业农村农民问题日益受到党和国家的重视。2007年起，中央连续出台“三农”问题的中央1号文件，提出坚持“多予少取放活”和“工业反哺农业、城市支持农村”的方针，陆续实施了一系列惠农支农政策。这一时期畜牧业支持政策的主要特点有：

1. 畜牧业支持政策的目标趋向多元化

2007年，《中共中央 国务院关于积极发展现代农业扎实推进社会

主义新农村建设的若干意见》公布。文件明确指出，社会主义新农村建设要把建设现代农业放在首位，提出要用现代物质条件装备农业，用现代科学技术改造农业，用现代产业体系提升农业，用现代经营形式推进农业，用现代发展理念引领农业，用培养新型农民发展农业，提高农业水利化、机械化和信息化水平，提高土地产出率、资源利用率和农业劳动生产率，提高农业素质、效益和竞争力。国务院同年下发的《关于促进畜牧业持续健康发展的意见》明确提出，新时期要构建现代化畜牧业产业体系，提高畜牧业综合生产能力，保障畜产品供给和质量安全，促进农民持续增收。2011年农业部出台《全国畜牧业发展第十二个五年规划（2011—2015)》，在对我国畜牧业发展面临的机遇和挑战综合分析的基础上，提出围绕“保供给”“保安全”和“保生态”，着力构建畜禽的标准化生产体系、牧草种业、饲草料产业、现代畜牧业服务、饲料和畜产品质量安全保障、草原生态保护支撑等“六大体系”，同时还强调畜产品综合生产能力还要稳步提高，确保饲料和畜产品质量安全，提升草原生态保护建设能力和水平。一系列政策文件表明，中国畜牧业支持政策正向着促进农村综合发展的目标演进。

2007年，自治区党委、政府提出了“以改造提升传统畜牧业，开拓创新现代畜牧业为方向，积极推进农业农村经济结构由以种植业为主导向以畜牧业为主导转变，统筹畜牧业与其他产业协调发展，农区、牧区、郊区畜牧业协调发展，狠抓现代畜牧业六大体系和五化建设，将新疆建成国家重要的畜产品生产基地和对外加工出口基地的发展目标”。提出“在牧区保护性建设1 000万亩优质草场，在农区恢复性建设1 000万亩饲草料地，在牧区开发性建设1 000万亩人工草地的‘三个一千万亩’饲草料地建设工程”。明确新开发土地的60%以上要用于饲草料生产，牲畜存栏数虽然减少了，但出栏比较稳定，产值增长较快，畜牧业生产已经成为新疆农牧区经济的主导产业之一。2008年自治区第三次畜牧业工作会议出台了《关于加快现代畜牧业发展的意见》，面对新形势和新任务，自治区畜牧厅党组提出“跳出畜牧认识畜牧业、站在高处研究畜牧业、着眼未来谋划畜牧业”的工作思路，重新定位、谋划、部署和推动畜牧业发展。

同时，新疆先后出台了《新疆维吾尔自治区人民政府关于加快推进农产品品牌建设工作的意见》（新政发〔2010〕45号）、《关于加快农民专业合作社发展的意见》（〔2011〕19号）、《自治区财政支持农民合作社发展的意见》（2012）、《转发自治区推进草原确权承包和开展基本草原划定工作实施意见的通知》（新政办发〔2012〕158号）等文件。2012年，自治区党委八届四次全委（扩大）会议明确提出，围绕畜牧业发展调优北疆种植业结构，继续改造提升传统畜牧业，开拓创新现代畜牧业，重视并抓好肉类生产，努力增加市场供应量。2013年进一步出台《关于加快肉羊肉牛产业发展的意见》，鼓励、引导农牧民及国内外大型企业集团投入畜牧业生产发展，全力推动畜牧业生产方式由一家一户的单一化生产向规模化、产业化、效益化经营模式转变，畜牧业发展取得积极成效，在新疆农业农村经济中的支柱地位不断凸显，对农业增效和农牧民增收的支撑作用日益增强。

2.政策性补贴开始转向生产环节，财政补贴总额和支持水平大幅度提高

2007年，中央出台一系列扶持生猪、奶牛生产的政策措施，形成了新时期畜牧业发展的产业政策框架，全年国家直接向畜牧业的资金投入累计近100亿元，中央财政从2007年实施能繁母猪补贴，补贴对象为饲养能繁母猪的养殖户；扶持生猪标准化规模养殖场户建设；对生猪调出大县给予财政奖励；实施生猪、奶牛良种补贴及后备母牛饲养补贴、畜牧业机械购置补贴、主要畜种标准化规模养殖场建设等已成为常态化的持久性的政策，补贴总额连年增加。以畜牧良种补贴为例，2007年畜禽良种补贴品种只有生猪和奶牛，补贴总额增加到9.9亿元，2012年该项补贴的总额已增加到11.9亿元。2008年《中共中央国务院关于切实加强农业基础建设进一步促进农业发展农民增收的若干意见》明确提出“要加强农业基础地位，走中国特色农业现代化道路，建立以工促农、以城带乡长效机制，形成城乡经济社会发展一体化新格局”。其中让农业和农民直接受惠的“三个明显”“三个调整”“四个增加”“四个提高”和“两个大幅度”，体现了中央关于给农民的实惠要逐步增加，随着国家财力的增长，对“三农”的支持力度要进一步加大，在毫不动摇地坚持农村基本经营制度方面，2009年1号文件首先强调要落实和保障农民的土地权益，重点做好两方面工作：对集体所有土地的所有权进一步界定清楚，并且保障其权益；对承包地地块的确权、登记和颁证工作。国家在2010年出台了《2010年畜牧良种补贴项目实施指导意见》《关于加强奶牛良种补贴项目管理的通知》《2012年畜牧良种补贴项目实施指导意见》的通知等一系列良种补贴政策和措施。实施的良种补贴政策多为通过供种单位补贴，即以体现补贴后的优惠价格把良种直接销售给农牧户。政策性补贴不仅降低了交易价格，同时也降低了农牧民的购种负担，农牧民养殖户成为政策性补贴的最大受益者。这些补贴或是直接支付给生产者，或是用于改善养殖户的养殖环境。

从2011年开始，草原生态保护补助奖励政策就开始实施，范围和资金逐步扩大，2013年，中央财政投入补奖资金159.46亿元。“十三五”期间，国家已启动实施了新一轮实施草原生态保护补助奖励政策，年度资金规模达187.6亿元。

新疆于2009年开始由自治区财政每年安排2 000万元专项扶持资金用于粮食、畜牧等六大产业合作社建设。仅2015年，新疆贫困地区获得财政支持的合作社94个，资金扶持总额为3 562万元，社均近40万元。同时，南疆贫困地区政府也出台了一系列政策鼓励引导合作社规范发展，以带动当地农户脱贫增收。泽普县出台了《泽普县农民专业合作社扶持奖励贴息办法（试行)》，每年拿出1 000万的财政资金进行贴息，确保合作社健康有序发展；洛浦县出台《洛浦县农民合作社管理办法》；规定凡按照规定程序成立的合作社并能达到标准和要求，通过相关部门验收合格后一次性奖励2 000元；对运行规范、制度健全可分配盈余按交易量比例返还给成员达到60%以上的合作社，一次性奖励5 000元，鼓励支持县域各类农民专业合作社积极使用富余劳动力（优先使用农村贫困家庭劳动力）促进带动就业的，一次性奖励500元，其招用的人员达到10～20人，每人每年补助30元,20～50人的，每人每年补助50元。克孜勒苏柯尔克孜自治州人民政府出台了《关于加快发展克州农民专业合作社的实施意见》在对合作社的扶持资金上有很大的支持。奇台县提出发展农业“十百千”工程（着重培育10家龙头企业、100家示范合作社和1 000家种养殖大户)，每年选择一批产业特色明显、辐射带动作用强、运行机制好、财务管理规范的新型经营主体，进行各级创建评比活动，并予以奖励。

3.对农业综合服务支持措施持续增加

国家财政对农业的支出继续增加。中央政府为扶持农业发展，提高农业综合生产能力，中央财政逐渐加大了农业综合开发项目的投入，畜牧水产养殖基地的建设、畜产品加工及相关的仓储、保险、市场网络建设等均在其中。对畜牧业经营主体发展的金融助力不断强化，2011年，自治区农业厅与中国农业银行新疆分行签订《实施支持二十万农户致富带头工程合作协议》，将首批9 100名合作社成员大户纳入农行致富带头工程扶持范围，提供资金支持和金融服务。

新疆从2011年、2012年先后出台《关于加快农民专业合作社发展的意见》（〔2011〕19号）和《自治区财政支持农民合作社发展的意见》(2012)，新疆畜牧业经营主体以合作社为主井喷式发展，自治区党委、人民政府把加快农牧民专业合作经济组织建设作为发展现代畜牧业、提高畜产品市场竞争力、促进农牧民增收的重要举措，先后就税收优惠政策、金融支持政策、财政扶持政策、涉农项目支持政策、农产品流通政策以及人才支持政策等内容，连续下发了相关意见和试行办法，为农牧民专业合作社营造了良好的发展环境，有力推进了新疆农牧民专业合作组织的健康发展。截至2012年年底，全疆农民专业合作社已达7 717个，比2007年的510个增加了15倍。农民合作社实有社员37.1万人。截至2013年6月，养殖业、种植业、林业、服务业、其他合作社数依次为4 185个、2 852个、1 052个、954个和899个，分别比2012年年底增长50.2%、12%、21.3%、19.3%、37.5%，占合作社总数的比重分别为41.8%、28.5%、10.5%、9.5%、9.0%。种植业合作社中，粮食合作社379个，占种植业合作社的比重为13.3%。养殖业合作社中，生猪合作社277个，占养殖业合作社的比重为6.6%；奶业合作社439个，占养殖业合作社的比重为10.5%。服务业合作社中，农机合作社370个，占服务业合作社的比重为38.8%。

（五）生态保护与经济效益并重型发展阶段（2013年至今）

伴随工业化、城镇化深入推进，我国农业农村发展正在进入新的阶段，呈现出农业综合生产成本上升、农产品供求结构性矛盾突出、农村社会结构加速转型、城乡发展加快融合的态势。2013年，我国农业农村发展持续向好、稳中有进。这时我国经济社会发展正处在转型期，农村改革发展面临的环境更加复杂、困难挑战增多。继2013年《中共中央 国务院关于加快发展现代农业进一步增强农村发展活力的若干意见》对“加快发展现代农业、进一步增强农村发展活力”做出了全面部署，并要求“必须顺应阶段变化，遵循发展规律，增强忧患意识，举全党全国之力持之以恒强化农业、惠及农村、富裕农民。按照保供增收惠民生、改革创新添活力的工作目标，加大农村改革力度、政策扶持力度、科技驱动力度”之后，2014年发布的《中共中央 国务院关于全面深化农村改革加快推进农业现代化的若干意见》指出，全面深化农村改革，要坚持社会主义市场经济改革方向，处理好政府和市场的关系，激发农村经济社会活力；要鼓励探索创新，在保护农民利益的前提下，有序推动土地流转；要因地制宜、循序渐进，不搞“一刀切”，不追求一步到位，允许采取差异性、过渡性的制度和政策安排；要城乡统筹联动，赋予农民更多财产权利，推进城乡要素平等交换和公共资源均衡配置，让农民平等参与现代化进程、共同分享现代化成果。2015年中央1号文件《中共中央 国务院关于加大改革创新力度加快农业现代化建设的若干意见》深入分析了当前我国农业面临的矛盾和问题，说明了依靠拼资源、拼消耗的传统农业发展方式已难以为继，指出当前我国经济发展进入新常态，正从高速增长转向中高速增长，如何在经济增速放缓背景下继续强化农业基础地位、促进农民持续增收，是必须破解的一个重大课题；

要主动适应经济发展新常态，按照稳粮增收、提质增效、创新驱动的总要求，继续全面深化农村改革，全面推进农村法治建设，推动新型工业化、信息化、城镇化和农业现代化同步发展，努力在提高粮食生产能力上挖掘新潜力，在优化农业结构上开辟新途径，在转变农业发展方式上寻求新突破，在促进农民增收上获得新成效，在建设新农村上迈出新步伐，为经济社会持续健康发展提供有力支撑。

自党的十八大首次提出“坚持和完善农村基本经营制度……培育新型经营主体，发展多种形式规模经营，构建集约化、专业化、组织化、社会化相结合的新型农业经营体系”之后，连续5年的中央1号文件都先后强调要积极培育家庭农场、专业大户、农民合作社、农业产业化龙头企业等新型农业经营主体，要强化农业社会化服务，推进农村一二三产业融合发展。新疆主动适应经济社会发展新常态，面对日益严峻的人口环境资源矛盾，紧紧围绕推进畜牧业供给侧结构性改革总体要求，以生态文明建设和畜牧业绿色发展为重点，推动新疆畜牧业由粗放高耗型向绿色高效型转变。这一时期畜牧业支持政策的主要特点有：

1. 对畜牧业经营主体的政策引导力度不断加大

中央新疆工作座谈会以来，新疆抓住历史新机遇，以国家、自治区强农惠牧富民政策和畜牧业重点民生工程建设为抓手，着力转变畜牧业生产方式和发展方式，强力推进畜牧业综合生产能力建设和草原生态保护建设，加强动物疫病防控和畜产品质量安全监管，积极推进“科技兴牧”和“依法治牧”，保障了全区畜牧业持续健康发展，为新疆经济社会发展和农牧区繁荣稳定发挥了重要作用。

随着新疆经营主体的不断壮大、经营规模的不断创新以及经营环境的不断优化，目前依然存在经济实力不强、带动能力不足、土地流转不规范、发展融资难度大、服务体系不够健全、内部管理还需加强等问题，因此需要在加强政策宣传力度的同时，在农业补贴、农业产业发展、农业社会化服务、农产品流通、农村人才培训等方面加大政策支持力度，以及创新土地流转、发展社会化服务、合作社资产管护、规范化管理等方面予以支持。新政办发〔2013〕18号《关于加快肉牛肉羊产业发展的通知》、新政发〔2013〕94号《关于加快肉羊肉牛产业发展的意见》、新政办发〔2015〕35号《关于印发2015年自治区农村土地承包经营权确权登记颁证整县推进试点工作实施方案的通知》《新疆2016年新型职业农民培育项目实施方案》、2016年中央1号文件等都强调要“积极培育家庭农场、专业大户、农民合作社、农业产业化龙头企业等新型农业经营主体”。中央办公厅、国务院办公厅印发的《关于引导农村土地经营权有序流转发展适度规模经营的意见》进一步强调要“加快培育新型农业经营主体”“加大对新型农业经营主体的扶持力度”。2017年，中共中央办公厅、国务院办公厅《关于加快构建政策体系培育新型农业经营主体的意见》指出，“在坚持家庭承包经营基础上，培育从事农业生产和服务的新型农业经营主体是关系我国农业现代化的重大战略。加快培育新型农业经营主体，加快形成以农户家庭经营为基础、合作与联合为纽带、社会化服务为支撑的立体式复合型现代农业经营体系，对于推进农业供给侧结构性改革、引领农业适度规模经营发展、带动农民就业增收、增强农业农村发展新动能具有十分重要的意义”，要实现“到2020年，基本形成与世界贸易组织规则相衔接、与国家财力增长相适应的投入稳定增长机制和政策落实与绩效评估机制，构建框架完整、措施精准、机制有效的政策支持体系，不断提升新型农业经营主体适应市场能力和带动农民增收致富能力，进一步提高农业质量效益，促进现代农业发展”的主要目标；在发挥政策对新型农业经营主体发展的引导作用中提出，要“引导新型农业经营主体多元融合发展、引导新型农业经营主体多路径提升规模经营水平、引导新型农业经营主体多模式完善利益分享机制、引导新型农业经营主体扩大保险支持范围、多形式提高发展质量”。在建立健全支持新型农业经营主体发展政策体系中提出，要“完善财政税收政策、加强基础设施建设、改善金融信贷服务、鼓励拓展营销市场、支持人才培养引进”，同时提出要健全政策落实机制。

农业部办公厅关于做好2017年新型职业农民培育工作的通知、农经发〔2017〕9号《农业部 国家发展改革委 财政部 国土资源部 人民银行税务总局关于促进农业产业化联合体发展的指导意见》等文件，在资金、税收、水电、土地、登记管理、农产品运输等方面，为新型畜牧业经营主体提供了多项优惠政策。

为贯彻落实《中共中央办公厅 国务院办公厅关于加快构建政策体系培育新型农业经营主体的意见》，2017年10月，农业部、国家发展改革委、财政部、国土资源部、人民银行、税务总局联合出台了《关于促进农业产业化联合体发展的指导意见》，定义“农业产业化联合体”是龙头企业、农民合作社和家庭农场等新型农业经营主体以分工协作为前提，以规模经营为依托，以利益联结为纽带的一体化农业经营组织联盟。具有独立经营，联合发展；龙头带动，合理分工：要素融通，稳定合作和产业增值，农民受益的基本特征。强调要“围绕推进农业供给侧结构性改革，以帮助农民、提高农民、富裕农民为目标，以发展现代农业为方向，以创新农业经营体制机制为动力，积极培育发展一批带农作用突出、综合竞争力强、稳定可持续发展的农业产业化联合体，成为引领我国农村一二三产业融合和现代农业建设的重要力量，为农业农村发展注入新动能”；并提出要建立分工协作机制，引导多元新型农业经营主体组建农业产业化联合体；健全资源要素共享机制，推动农业产业化联合体融通发展；完善利益共享机制，促进农业产业化联合体与农户共同发展。

2.对畜牧业经营主体的财政项目资金扶持力度不断加大

党的十八大提出培育新型农业经营主体以来，从国家层面上继续加大生猪和牛羊大县奖励政策。2013年生猪生产奖励资金35亿元：专项用于发展，具体包括规模化生猪养殖户（场）圈舍改造、良种引进、粪污处理的支出，以及保险保费补助、贷款贴息、防疫服务费用支出等。2015年牛羊生产奖励资金5亿元：中央财政从35亿资金中安排5亿元实施牛羊调出大县奖励。2017年该政策继续实施，其中牛羊调出大县奖励资金为4亿元。2015年，“粮改饲”试点，中央财政安排资金支持开展粮改饲试点工作，按照草畜配套、产销平衡的原则发展以青贮玉米为主的优质饲草料产业，项目资金3亿元。2016年，试点县扩大到100个，试点资金从3个亿扩大到10亿元，共实施600万亩。2017年，试点范围进一步扩大，涉及17个省431个县，资金增加到20亿元。从2011年开始，草原生态保护补助奖励政策就开始实施，范围和资金逐步扩大，2013年，中央财政投入补奖资金159.46亿元。“十三五”期间，国家已启动实施了新一轮草原生态保护补助奖励政策，年度资金规模达187.6亿元。2005年开始，国家实施畜牧良种补贴政策。到2017年国家继续实施畜牧良种补贴政策，补贴范围和内容有所改变，补贴范围涉及内蒙古等8个草原牧区省份，补贴对象限于肉牛和肉羊。2014年中央将启动实施畜禽粪污等农业农村废弃物综合利用（试点）项目，安排资金1.8亿元。2016年起，畜禽粪污等农业农村废弃物综合利用项目并入农业生产全程社会化服务试点。试点省每省至少选择2个试点县，每个试点县资金原则上不少于1 000万元，重点支持探索畜禽粪污有效储存、收运、处理、综合利用全产业链发展的有效模式。退牧还草工程从2003年开始实施，“十二五”期间，每年投入中央资金20亿元，到2016年累计投入中央资金255.7亿元。2016年中央继续投资20亿元，实施范围包括内蒙古、辽宁、吉林、黑龙江、陕西、宁夏、新疆（含兵团）、甘肃、四川、云南、贵州、青海和西藏13个省（自治区）。2014年退耕还林还草工程安排了500万亩，还草补助标准为每亩800元；2015年安排1 000万亩，补助标准不变；2016年，中央安排1 510万亩，还草每亩补助1 000元。从2016年开始农牧交错带已垦草原治理试点项目，在河北、山西、内蒙古、甘肃、宁夏和新疆6个重点省区的138个县实施。按《农业环境突出问题治理总体规划》要求，“十三五”期间共需治理已垦草原1 750万亩。2017年中央财政安排5亿元。

截至2014年年末，新疆相继启动实施了牧区水利建设工程，以企业、集团冠名方式援建的27项定居兴牧骨干水源工程已下闸蓄水。全区累计实施草原围栏2.147亿亩、草原补播改良5 461万亩，人工种草面积达1 186万亩，累计核减转移牲畜870.18万头（只）单位，实现了天然草原草畜平衡管理；完成牧草良种补贴面积1 963.072万亩，牧民生产资料综合补贴27.58万户，牧民户均政策性收入6 064元，占牧民人均收入13%以上。草原生态恶化趋势基本得到遏制，天然草原综合植被覆盖率达到40%，禁牧区和草畜平衡区牧草产量较2010年分别增加44%和14%。全疆累计实现游牧民定居21.7万户，定居率达到了78.7%。建成畜禽规模养殖场（小区）5 309个，国家级和自治区级标准化示范场分别达到118个和124个，全疆奶牛、肉牛肉羊、猪禽规模养殖比例分别达到27%、35%和65%。享受财政补贴饮用牛奶的学生达到156万人，占全区义务教育阶段在校中小学生的50%以上。天康生物、天山畜牧、麦趣尔3家龙头企业成功上市，全区农业产业化国家重点涉牧龙头企业达到10家。全区累计认定无公害畜产品产地112个，有53个畜产品通过了农业部无公害畜产品认证，吐鲁番斗鸡、阿勒泰羊、呼图壁奶牛、昭苏天马、木垒羊肉等9个畜产品获得国家地理标志保护。

3. 对畜牧业经营主体发展的金融助力不断强化

2011年，自治区农业厅与中国农业银行新疆分行签订《实施支持二十万农户致富带头工程合作协议》，将首批9 100名合作社成员大户纳入农行致富带头工程扶持范围，提供资金支持和金融服务。2014年中央、自治区创新资金扶持方式，先后出台了《新疆维吾尔自治区财政扶持农民合作社贷款贴息资金管理办法（试行）》及《自治区扶持农民合作社发展贷款贴息资金管理办法》，以缓解合作社贷款难、贷款贵问题。2014—2015年，自治区财政利用中央财政支持合作社发展专项资金2 854万元，以贷款贴息方式在昌吉、伊犁、哈密、巴州及和田5个地区开展合作社贷款担保试点工作，截至2015年年底，昌吉、伊犁、哈密三个地州的32家合作社申请到了贷款，一共使用了1 984万元，占总资金的71%，全疆共有合作社20 945个，享受到贷款贴息的合作社250个，占总数的1%。据不完全统计，2015年，新疆获得财政支持的合作社599个，财政专项扶持总额为10 652万元，平均每个合作社18万元，有利地推动了合作社、龙头企业等新型经营主体的发展和壮大，使其成为各类财政支农资金和产业结构调整扶持项目的承担主体。2016年，对自治区级示范社进行审核筛选，认定了一批制度健全、运作规范、信用良好、创新发展和带动作用明显的零门槛贷款担保示范社。2018年农业部部长韩长赋指出：财政补助资金要重点扶持带动小农户发展的新型农业经营主体，支持他们通过股份合作、订单农业等方式与小农户建立紧密的利益联结机制，让处于产业链低端的小农户也能分享财政支农的政策红利。2017年9月，新疆的昌吉市被确定为国家农村集体产权制度改革示范县市，同时，沙湾县、阿克苏市、特克斯县等也先后被确定为国家级试点县，率先在这四个县市开展了改革试点工作。2018年8月新疆首家以农民参股、村集体定期分红模式为主的股份制农民合作社挂牌成立之后，昌吉市中山路街道办事处小渠子一村全村407名农民成为集体经济股份合作社新股东。

这一阶段畜牧业经营主体以专业大户、家庭农场、农民合作社、农业产业化龙头企业等新型经营主体为主，随着新疆畜牧业经营体系的不断发展，已形成了以牧户、养殖大户和家庭牧场为基础，以农民专业合作社、龙头企业为支撑的新型畜牧业经营主体。据农经部门统计，2015年，新疆专业大户总数72 183户，从业人数28.37万人，雇工数量12.29万人。养殖大户40 529户，占总养殖户的56%，其中，养牛大户6 317户，存栏45万头；养猪大户1 113户，存栏33万头；养羊大户14 923户，存栏275万头；禽类大户17 990户，出笼1 316只(羽)；水产大户186户，产量17 507吨。各类家庭农场577个，被县级农业部门认定的545个。家庭成员劳动力1 354人，常年雇工955人。畜牧类家庭农场132个，占家庭农场总数的23%。种养结合的家庭农场17个，占比3%。其他类型的9个，占比2%。全疆合作社总数20 960个，其中，国家级示范社120个，自治区级示范社1 623个，合作社成员数55.77万户，成员及带动非成员数占总农户数的53.5%。畜牧业合作社9 680个，占比46%，牛、猪、羊的存栏量分别为71万、186万、619万头，禽类出笼量2 251万只（羽）；水产业合作社137个，养殖面积为0.63万公顷，产量为2.26万吨；服务业合作社1 697个，占全疆合作社总数的8%；其他合作社1 746个，占全疆合作社总数的8%。全区龙头企业总数1 019个，员工总数12.45万人，其中，国家重点龙头企业31个，自治区级龙头企业326个，地州级龙头企业662个。2017年全区农民合作社总数24 111个，比2015年增加3 151个，增长15.03%。其中国家级示范社128个，自治区级示范社1 509个，合作社成员数52.7万个。2018年对348家第三批（2015年）自治级农民合作社示范社的监测结果显示有97家（其中，养殖35家、种植类44家，其他类18家）监测不合格，除10家为主动放弃监测外，其中因法人或带头人自身因素及运行管理不规范、缺少带动作用的21家，注销、停业和未运营的有61家，其他类5家。从合作社发展来看已形成向种养业之外发展的趋势，截至2017年年末，开展农村电子商务的合作社达909个，开展休闲农业和乡村旅游的达293个，但种养业类合作社仍占据主体地位。

三、畜牧产业政策实施中存在的问题

（一）农业补贴政策方面

1. 在动物防疫补贴政策上

动物防疫补贴政策是对动物防疫支出补助，包括强制免疫补助、强制扑杀补助、养殖环节无害化处理补助等。在调研中发现，大约有80%

的散养户和规模养殖户没有享受到该项政策。经过深入了解发现，大部分养殖户并不是不能享受到该项补贴政策，而是由于各种因素，自身不愿意去申请享受该政策。造成这种局面的产生有以下原因：首先，养殖户对政府提供的疫苗质量存在担忧或者对于疫苗的来源渠道和运输方式以及保存方法不信任，这导致他们宁愿自己去市场选购价格高、质量有保证的疫苗。其次，政府不能“对症下药”，政府提供的疫苗不能保证所有的疫病得到有效的防治，养殖户不能及时领取到相对应的牲畜防疫疫苗，这就导致动物防疫补贴政策不能给养殖户带来优惠。再次，在病死牲畜无害化处理方面，政府资金建立的病死牲畜处理中心未能覆盖区域内所有养殖户，拨付的资金不足，导致大多数规模养殖户不能享受到无害化处理补贴，大部分资金还需要养殖户自己来承担。通过对调查问卷的统计可以看出，对动物防疫补贴政策不了解的散养户和规模养殖户均超过了调查总数的50%，这说明这项政策的宣传力度有待加强；而在了解这项政策的养殖户中，有超过60%的规模养殖户对这项政策的实施情况表示满意，同时大约有30%的散养户对政策的实施情况表示满意。综上所述，动物防疫补贴政策在规模养殖户中的实施情况总体要好于在散养户中的执行效果。

2. 在农机补贴政策上

农机补贴又称农机购置补贴，是指国家对农民个人、农场职工、农机专业户和直接从事农业生产的农机作业服务组织，购置和更新农业生产所需的农机具给予的补贴，目的是促进提高农业机械化水平和农业生产效率。全疆农机专业合作组织有1 048家，合作社社员1.85万人，拥有机具3万台（套），合作社年服务总收入10亿元。通过土地托管、土地入股、土地流转、提供作业服务等多种形式扩大经营服务规模，服务面积近1 600万亩。截至2019年8月底，全疆已累计实施农机补贴资金5.21亿元，补贴机具25 650台（套），受益农户1.85万户。像奶牛挤奶器械，一些烘干机，补贴一般不超过12万元。对一些高性能的青饲料售货机单机补贴金额一般不超过15万元。通过调研，我们发现在政策制定方面存在的问题有：农机补贴的比例相对较小。与国外相比，国外的农机补贴比例一般在50%以上，而我国的农机补贴大约在30%，对于一些价值较高的大型农机具，农民的经济负担还是比较重，尤其是畜牧养殖机械价格偏高，即使自己实际出资50%，也较难承受，对于大型新型农机具的推广促进作用有限；农机补贴是重点制，不是普惠制，当申请农机补贴范围的农户超过计划数时，部分农民就享受不到补贴，同时，农机具的补贴范围主要由中央来决定，很大一部分农民真正需要的农机具不在补贴的范围内。在政策执行过程中，农机补贴政策的宣传不到位，很多农民虽然知道这个政策，但对享受农机具补贴的具体农机具范围不清楚，片面地理解为一些大型农机具，对一些常用的小型农机具不清楚在不在补贴范围。部分经销商对享受补贴的农机具存在故意提高价格的现象。由于现在对享受补贴的农机具采取由市场形成价格、不限定最高限价的政策，因此对于经销商的单方提价，如果经销商选择的余地比较小，农民也无从选择，只能接受，农机补贴的实惠更多地被经销商剥夺了一部分。

3. 在良种补贴政策上

从2005年开始，国家实施畜牧良种补贴政策，主要用于对项目省养殖场（户）购买优质种猪（牛）精液或者种公羊、牦牛种公牛给予价格补贴。生猪良种补贴标准为每头能繁母猪40元；肉牛良种补贴标准为每头能繁母牛10元；羊良种补贴标准为每只种公羊800元；牦牛种公牛补贴标准为每头种公牛2 000元。奶牛良种补贴标准为荷斯坦牛、娟姗牛、奶水牛每头能繁母牛30元，其他品种每头能繁母牛20元，并开展优质荷斯坦种用胚胎引进补贴试点，每枚补贴标准5 000元。实施畜牧良种补贴，极大地调动了广大养殖场户特别是散养农户选购使用良种的积极性，加速了畜牧良种的普及推广，有效提升了畜牧生产水平和生产效率。良种补贴政策对提高畜种品质、推广优良品种确实起到积极的作用，但也存在着问题，一是畜牧良种补贴数量不足，个别畜种补贴标准低。国家畜牧良种补贴早先全用于奶牛和生猪生产，2009年起开始对绵羊实施良种补贴，但补贴数量太少，对农户的引导带动作用不大。二是补贴标准较低。种公羊良种补贴自实施以来补贴标准一直是800元/只，该标准远低于现在优质种公羊的市场价格。三是良种技术推广缺乏专项的配套资金支持，没有安排专项的技术推广费用。

4. 在饲草种植补贴政策上

牲畜养殖成本过高是阻碍养殖户扩大养殖规模的根本原因之一，也是养殖风险的主要来源，而饲料成本在牲畜养殖特别是舍饲养殖总成本中占有最大的比例，尤其是饲料价格的上涨导致养殖成本的增加也阻碍了畜牧业规模化养殖的进程，阻碍了养殖户的积极性。牛、羊、猪肉制品市场价格的不断上涨，最根本的原因就是过高的养殖成本造成的，这其中，饲料的成本占养殖成本的比重最大，一直缺少针对减少养殖饲料支出的补贴政策。现有饲草料种植补贴标准、补贴品种未能与地方资源和需求很好地结合，为补贴而种草的现象仍有发生，不仅没能获得预期的种草目标，而且在一定程度上也扰乱了地方正常的种植结构。2018年开始对饲草料生产加工进行补贴，补贴标准是针对合作社1年以上，饲草生产加工企业注册资本在200万（含）以上，奶牛养殖企业需要存栏300头以上，每3 000亩补贴180万。

（二）农村科技教育推广培训政策方面

农技推广方面，存在着经费不足、农技推广作用弱化等现象，20世纪70—80年代，是我国农技推广比较繁荣的时期，很多农村技术员都是在这一时期培养起来的。但近年来，农技推广在很多地区存在着农技推广人员少、下乡指导少的现象，很多新型农业技术没有推广开来，农民还是靠着老经验种田养殖，部分地区把农技推广站所列为自收自支单位，降低了农技人员的积极性，他们忙于经营创收，来赚够自己的工资，农技推广工作开展的少。

在政策的促进下，我国农民教育培训工作取得了一定的成绩，但也存在着以下几方面的不足：一是培训内容单一化，不能适应农民的多样化需求，有些地区为图省事，培训内容多年来千篇一律，农民可选择的实用技术内容单一。二是培训针对性不强，科技培训前调查研究不够充分，征求意见不够深入，不能完全掌握养殖户的真正需求和主观意愿，盲目地按照自身职能进行“一厢情愿”的培训，培训效果不好。三是投入不足，尤其是中央要求各级财政的配套资金很多都没到位，农牧民可用学习工具较为落后，村级培训场地拥有多媒体教室的非常少，难以让培训内容丰富多彩，农户上网浏览学习技术相对落后，难以全面地利用互联网资源。四是培训机构师资力量薄弱。新型农牧业生产经营主体的领办人和管理者需要经营管理，市场运作和企业策划等多方面涉及自身发展能力的知识和理念，而培训教师知识更新不到位，不能满足其发展需求，培训效果不理想。五是缺乏法律的保障。目前我国没有规范农民教育培训工作的法律文件，农民教育培训工作的随意性和人为干预性比较大，缺乏法律保障。

（三）金融扶持政策方面

在调查的养殖户中，6%的规模养殖户享受过金融扶持政策；在散养户方面，仅2.5%的散养户认为自己享受过该项政策。总的来说，这样的比例数据说明，一方面散养户所需要的资金较少，一般不会存在资金周转问题，而规模养殖户无论是在前期投入，中期运营，还是后期扩展中，都会有大量的资金需求，很容易出现资金周转不足的问题，就资金需求方面来说，规模养殖户比散养户更需要政府的金融扶持；另一方面，国家出台政策的目的就是促进牲畜养殖的标准化、规模化、现代化，最终达到保证畜牧产业的平衡健康发展，因此，散养户并不是这项政策的主要扶持对象。

（四）资金监管方面

国家推行的良种补贴政策种类较多，大部分都是针对规模养殖户。所涉及的各个行业、各个部门一旦有一个环节出现问题，政策的执行效果就会出现偏差，不能达到预期目标。各级畜牧主管部门没有一个统一的、有效的协调机制，基本上是按照各自执行标准来实施，这就会导致补贴资金的使用渠道过于宽泛，有的甚至出现多次重复执行的局面。超过50%的养殖户认为政策执行过程中存在资金不能及时拨付的问题，还有30%的散养户认为资金的发放存在不足额的现象。通过实地调研发现，良种补贴政策在养殖规模较小的养殖户中的落实情况和使用情况不容乐观，主要原因有以下几点。第一，政府在补贴政策实施过程中存在工作不到位的现象，并不能把政策落实到所管辖区域内所有的养殖户中，牲畜散养户零散分布，无法做到统一管理，还会受到政策执行人员监管力度的影响；第二，补贴资金不能及时到位，补贴金额打折扣，执行标准参差不齐；第三，政府在发放完补贴资金以后，缺少对资金使用情况的后续跟踪和监管，一定程度上造成补贴资金使用不当或资源浪费。

（五）农业保险政策方面

政策性农业保险是党中央、国务院出台的一项涉农惠农政策，旨在减轻农民灾害损失，增强农民灾后自救能力，防止农业因灾减收、农民因灾致贫，从而保护农业生产，降低农业生产风险，提高农民生产积极性，对保障农业再生产的顺利进行、推动农业的可持续发展具有十分深远的意义。政策性农业保险自2007年实施以来，为维护农村社会稳定、推动新农村建设发挥了一定作用。但这项惠农政策在执行中存在诸多问题，与出台政策的初衷相去甚远，必须引起高度重视。

（1）政策宣传不到位，农民投保积极性不高。目前，大部分地方政策宣传工作依赖的是中标的保险公司，而不是政府的相关部门，而保险公司在人力、物力和责任心方面存在诸多不足，完全不能将宣传工作深入到户，将政策解析到位，这就造成政策推行了多年，大多数农民仍然不甚了解，认为这是一项商业保险，是保险公司在推销，而根本不知晓这是国家给予了补贴的一项惠民政策，农民要么不知道投保，要么不愿意投保，连很多种植和养殖大户都因为不了解政策而没有参保。

（2）把“愿保尽保”变为“应保尽保”，保险政策存在强制变味。一是有些地方为了能争取更多的政策性补贴资金，不顾农民意愿，强制要求农民参加政策性农业保险，使部分农民产生了抵触情绪；二是种养殖性农业生产保险，需要到每户察看养殖场、养殖规模，对偏远山区，路程远的，有的一户可能只收几元钱，费时费力。保险公司为了减少工作量，增加保险额度，就与乡镇和村委干部交涉，保险时由乡镇或村集体垫钱投保，再用理赔款归还垫付的投保款，使政策性保险完全变了味，农民根本没有得到实惠。

(3) 理赔额度相对于种养物化成本来说偏低。随着经济的发展和物价水平的不断提高，农民种植和养殖的直接物化成本均高于风险理赔金额，这就在一定程度上挫伤了农户的投保积极性。

(4) 保险政策的覆盖面存在一定的局限性。目前农业保险品种在畜牧业上有能繁母猪、奶牛、育肥猪、藏系羊、牦牛等几个品种。但随着"一乡一特""一村一品"等产业模式的形成，很多地方的特色产业、支柱产业都不包含在政策范围内，比如新疆的尼雅黑鸡、鸽子、兔等养殖面非常广，经常遭受自然灾害，因不在政策性保险范围内，遭受灾害也无法享受到国家政策的保障。

(5) 保险凭证没有发放到户，农民理赔难。按照规定，保单或保险凭证必须发到农民手中，便于农民遭遇自然灾害后能及时申请理赔。一些乡镇、村为了减少工作量，以担心农民将保险凭证丢失为由，一直将保险凭证放在村里甚至是乡镇集体保管，使农民受灾后不知道能否申请理赔，有的虽已申请理赔，但理赔款迟迟不能赔付到户。

(六) 在产业政策协调发展方面

如前所述，畜产品生产的特点是从活畜到商品的转化过程复杂、产业链长、涉及面广，畜产品特别是冷、鲜肉（奶）产品保质期、货架期短。但目前在产业发展政策措施的制定上一是相关部门各自为政、沟通协调不足，导致政策落实受阻，农牧民遇到问题难以及时得到协调解决；二是扶持政策在全局发展和局部发展中的相互冲突，导致产业发展失衡。

1. 在鲜活农产品流通方面

根据《全国高效率鲜活农产品流通“绿色通道”建设实施方案》交公路发〔2005〕20号，以现有国道网为基础，结合主要鲜活农产品的流量和流向，在全国建立布局为“五纵二横”的绿色网络，二横包括连云港–乌鲁木齐线，涉及G310/G312国道。统一界定鲜活农产品的范围：“绿色通道”网络内运输的鲜活农产品是指新鲜蔬菜、水果，鲜活水产品，活的畜禽，新鲜的肉、蛋、奶；不属于鲜活农产品范围，不适用全国“绿色通道”运输政策的产品包括：畜禽、水产品、瓜果、蔬菜、肉、蛋、奶等的深加工产品及花、草、苗木、粮食等。但对初加工的畜禽产品，例如，冻鲜畜禽产品或家畜四分体、八分体等初级分割冷鲜、冻鲜产品未进行定义和分类，因而导致此类产品不能享受“绿色通道”政策。

2. 在畜禽养殖结构方面

更多从市场需求方面制定畜禽扶持政策和项目，对畜种总体结构平衡考虑欠缺。五谷丰登、六畜兴旺体现的是均衡发展中的繁荣，但近年来在畜群结构调整以及项目支持上为争取资金而随意调整畜群结构，导致市场畜产品需求波动异常的现象还时有发生。

3. 在标准化规模化制定方面

规模化更多关注的是养殖头数，对规模养殖场或集约化养殖场而言，达到指定头数就可以获得相应支出和扶持，但对养殖大户或养殖合作社等小微经营者而言，则会因为达不到头数要求而得不到扶持，进而影响畜禽品种改良的积极性。对标准化而言，主要强调的是圈舍建设的标准，但在饲养管理和饲喂方式等方面缺少企业标准或地方标准要求，使得养殖者提供的产品达不到企业收购或加工标准，不仅导致生产者和企业两败俱伤，同时也成为制约新疆畜禽产品品牌发展和竞争力提升的重要因素之一。

四、畜牧产业扶持政策在新型牧业经营体培育中的作用

（一）畜牧业经营主体已成为推进适度规模经营的有效载体

截至2015年年底，全疆专业大户经营土地面积49.61万公顷，其中流转土地面积14.82万公顷；家庭农场经营土地面积1.11万公顷，其中家庭承包面积0.21万公顷，流转经营面积0.90万公顷，经营土地面积33.33～66.67公顷的19个，占比18%，经营土地面积66.67公顷以上的16个，占比16%；合作社规模经营面积33.06万公顷；龙头企业生产基地规模44.59万公顷，其中流转土地9.87万公顷。和田县金泉农业种植农民专业合作社通过土地流转的方式，生产经营面积达200多公顷，通过畜牧养殖、种植林果等不断发展，促进农民增收，帮助成员开拓了脱贫致富的道路。奇台县农村已流转的耕地面积5.93万公顷，流转耕地的农户15 413户，流转率48%。除散户之间的个体流转外，其他流转的土地都通过新型农业主体进行流转。其中：以农民专业合作社带动流转方式，通过承包或联营的方法变分散经营为组织化、集约化经营，共流转面积1.89万公顷，占总流转耕地面积的32.3%；以经济大户带动流转方式，通过当地经济能人、种养殖大户、致富能手等，将散户土地集中流

转的方式，共流转面积2.54万公顷，占总流转耕地面积的43%；以龙头企业带动流转，实行“公司+基地+农户”的模式发展规模经营，共流转面积0.29万公顷，占总流转耕地面积的0.05%。以不同的经营主体带动流转方式，成为适度规模经营的新载体。

（二）新型畜牧业经营主体已成为带动牧民收入的新增长点

新型畜牧业经营主体对延伸牧业产业链条、增加牧民收入、保护生态环境等方面有着重要的引领和带动作用，开辟了农牧民增收的新途径。墨玉县布拉克布什农民专业合作社拥有成员54人，合作社将孵化成功15天的鸡苗或鹅苗以每只20元的价格交给成员和村上的其他农户育苗，120天后以每千克17元的价格进行回收，每只至少可达3千克，农民每只就能增收31元。同时，产品由合作社统一销售后再按出资比例进行二次分红，在合作社工作的成员每天还可得到100～150元的工资，多渠道提高了农民的收入。2015年以来，该合作社在原有1 866米^{2}牛圈、1 600米^{2}鹅圈、1 466米^{2}羊圈及1 400米^{2}鸡圈的基础上，又建立了孵化室、育雏房、仓库、鱼塘和1 500吨冷库，并利用棚圈上方的空间养殖鸽子，形成了立体养殖模式，引进了全自动孵化机和宰杀流水线设备，鹅肉销往乌鲁木齐、喀什等地，仅此一项年收入就达150万元。

（三）新型畜牧业经营主体已成为农业现代化建设的新亮点

农业现代化不仅包括农业生产条件的现代化，农业生产技术的现代化同时也包括农业生产组织管理的现代化和资源配置方式的优化。目前新型畜牧业经营主体在改造传统畜牧业，转变畜牧业发展方式上起到了引领作用，成了农业现代化建设的新亮点。阿勒泰市联强生态农业示范社成立于2009年3月，现有社员265名。2013年，启动集南瓜系列产业精深加工、牛羊养殖育肥、有机肥加工、蔬菜、瓜果大棚和生态观光、餐饮为一体的农牧产业发展园区建设，目前已初步形成微循环经济体系，即：采取订单方式收购南瓜原料并加工成南瓜子，利用下脚料制成复合青贮饲料用于发展牛羊自繁自育，将粪便经过沼气处理后制成有机肥用于蔬菜瓜果种植，使养殖成本降低了50%，设施农业产量提升了20%，形成了农牧结合、粗加工和深加工并存、养殖和种植互补的发展格局，达到了持续循环发展目标。同时，投入资金120万元引进12套机械设备进行现代化养殖，每天减少人工投入4～6人，节约成本600～900元，并采取牛羊入托、草场等生产资料参股方式吸纳养殖户进行联合经营，每年按入股评估价值的15%～20%进行分红，社员年人均纯收入达4万元。

（四）新型畜牧业经营主体已成为打赢脱贫攻坚的有力抓手

1. 利用资源优势，带动贫困户脱贫致富

为发展特色产业，一些村镇依托本地资源优势，成立了具有当地特色的农牧业合作社。北牧盐池羊农民专业合作社充分利用“盐池羊肉”特有的品牌优势，积极培育、发展“盐池羊肉”生产、加工、销售基地，2012年伊吾县扶贫办把盐池乡扶贫羊450只交给北牧盐池羊合作社统一管理饲养（每只羊1 700元，其中原来由贫困户承担400元/只的自筹款由合作社垫付），作为扶贫发展的基础羊群，通过测算扣除养殖人工、饲草料等生产成本，每只羊每年向贫困户分红260元，每10只羊解决一名贫困户脱贫，450只扶贫羊可以解决45名因残、因病、缺乏劳动

能力的贫困户脱贫，同时结合伊吾县食用菌产业和盐池馕特色文化产业成立了喀尔里克天然食用菌农民专业合作社、巾帼农副产品加工农民专业合作社、农机合作社以及前山乡、吐葫芦乡等五个乡（镇）的合作社，通过养殖粪肥进行温室蘑菇种植，再将蘑菇种植废料用于生产有机复合肥，用于饲草料地，形成畜牧业循环经济生产模式，使参与产业链的所有主体都能在产业链的运转过程中获取合理的收益。

2.资金、技术、销售及劳务多重保障，有效调动贫困户生产劳动积极性

伊吾县北牧盐池养羊专业合作社本着“先让利于民、后发展企业”的理念，把发展利润向农牧民倾斜。一是从服务上让利于民。合作社在饲料、药品、配种等服务中只向社员收取成本费；在培训、防疫、保健、疾病诊断、手术等方面实行免费服务，对疑难病症，由合作社免费外聘专家提供诊疗服务，合作社社员可享受优先技术服务；二是在收购上让利于民。凡北牧合作社社员登记入社的肉羊，由合作社统一交公司收购，2012—2013年合作社以每千克羊肉高于市场价5.5元收购羊只，年末分别返利206.77万元和80万元；2014年以每千克高于市场价2.5元进行统一收购羊只，年末返还红利110万元。此举不仅提高了农牧民入社的积极性，也增加了养殖肉羊的积极性，以此带动了当地贫困户发展养殖业的积极性，实现了合作社赢利、农户脱贫增收。

3.资金互助合作，拓宽了扶贫攻坚渠道

为积极探索促进贫困村经济社会发展和贫困人口增收的有效途径，沙雅县将财政扶贫资金、社会捐赠资金、村集体积累资金、乡镇场自筹资金和农户自愿交纳的股金捆绑使用，在英买力镇赛克孜沃塔克村成立了农民资金互助合作社。合作社入社农户54户，资金47万元，其中包括财政扶贫资金30万元、乡镇场自筹资金10万元、成员股金7万元。合作社采取吸股不吸储、分红不分息、社内封闭运行和坚持“扶贫帮困”原则，并严格实行“五户联保”，责任共担。重点对入社农户发展生产和生活急需方面进行资金借贷扶持，借款期为一年，并要求贫困村农户参与率须达到80%以上，绝对贫困人员和低收入人口的参与率要达到100%。通过资金互助合作社，既突破了贫困地区群众缺乏发展资金的瓶颈，又激发了贫困户自我发展意识，将有限的“输血”变为持久的“造血”，真正实现精准扶贫，精准脱贫。

（五）新型农业经营主体已成为打造自主品牌的主力军

农民专业合作社围绕当地特色、生态及地缘优势，对生产的优质产品，积极开展“三品一标”认证、深加工生产许可认证、产品商标注册申请。和丰县牧羊人奶制品专业合作社的“赛尔”牌奶疙瘩通过上海电商远销美国、澳大利亚等国。焉耆县永烨生态肉牛养殖专业合作社创建了“西域阿不都拉”牛羊肉品牌，开设了新疆首例牛羊超市，超市不仅有屠宰好的牛羊肉，在逢年过节期间还可自行到超市选购优良牛羊进行免费屠宰，送货上门，同时“西域阿不都拉”分割牛羊肉还远销上海、北京、江苏等地。和丰县畜牧业龙头企业蒙哥尔肉类开发有限公司创建的“蒙哥尔有机排酸牛羊肉”2011年授予中国著名品牌，产品畅销新疆各地及北京、上海、广州、重庆、江苏等国内大城市，2015年电商平台建成，在天猫、京东、1号店、苏宁等电商平台都有做“优贡”，2015年仅电商的排酸牛羊肉销售量居全国第三，全疆第一。

第五章 新疆畜牧业经营主体发展情况评价体系构建及应用

采取文献综述、实地调研、考察交流、专家访谈等方式收集汇总相关资料、数据，建立相关指标体系，运用TOPSIS法对数据进行分析和研究。

一、新疆畜牧业经营主体发展情况评价指标体系构建

结合以往学者的相关研究，基于新疆畜牧业经营主体的发展状况及变量数据的可获得性，选取2014—2016年新疆典型县畜牧业经营主体进行调研，包括养殖企业、养殖合作社、养殖大户等经营主体，评价指标体系包括5项一级指标、16项二级指标，见表5-1。

一级指标“基本信息”包括基地建设面积、注册商标、融资能力等6项，二级指标主要反映经营主体的基本建设、规模及经营实力情况；“政策支持”包括财政扶持资金、固定资产投资总额两项内容，主要反映经营主体在政策方面的支持力度；“发展基础”包括机械化动力与饲草料基地面积两项内容，主要反映牧业经营主体的机械发展基础；“员

工收入”包括管理人员平均工资和普通员工平均工资，主要反映经营主体内部员工的工资待遇水平；“畜牧业产出”包括牲畜养殖量、畜产品产量等四项内容，主要反映牧业经营体生产经营成果。

表5-1　评价指标体系

一级指标	二级指标	指标代码
基本信息	基地建设面积（米^2）	H1
	注册商标数量（个）	H2
	有机认证（是/否）	H3
	劳动力数量（人）	H4
	年度劳动力培训次数（人次）	H5
	融资能力（贷款数目）(万元)	H6
政策支持	财政扶持资金（万元）	H7
	固定资产投资总额（万元）	H8
发展基础	机械化动力（万千瓦）	H9
	饲草料基地面积（千公顷）	H10
员工收入	管理人员平均工资（元/月）	H11
	普通员工平均工资（元/月）	H12
畜牧业产出	牲畜养殖量［万头（只)］	H13
	畜产品产量（万吨）	H14
	畜产品产值（万元）	H15
	畜产品净利润（万元）	H16

二、新疆畜牧业经营主体发展情况评价模型构建

Topsis法（逼近理想解排序法）是系统工程中有限方案多目标决策

分析的一种常用方法，是基于归一化后的原始数据矩阵，找出有限方案中的最优方案和最劣方案（分别用最优向量和最劣向量表示），然后分别计算各评价对象与最优方案和最劣方案的距离，获得各评价对象与最优方案的相对接近程度，以此作为评价优劣的依据。

1. 基本原理

Topsis法是Technique for Order Preference by Similarity to Ideal Solution的缩写，即逼近于理想解的技术，它是一种多目标决策方法。方法的基本思路是定义决策问题的理想解和负理想解，然后在可行方案中找到一个方案，使其距理想解的距离最近，而距负理想解的距离最远。

理想解一般是设想最好的方案，它所对应的各个属性至少达到各个方案中的最好值；负理想解是假定最坏的方案，其对应的各个属性至少不优于各个方案中的最劣值。方案排队的决策规则，是把实际可行解和理想解与负理想解做比较，若某个可行解最靠近理想解，同时又最远离负理想解，则此解是方案集的满意解。

2. 逼近距离的测度

采用相对接近测度。设决策问题有m个目标$f_j(j=1,2,\cdots,m)$，n个可行解$Z_i=(Z_{i1},Z_{i2},\cdots,Z_{im})$ $(i=1,2,\cdots,n)$；并设该问题的规范化加权目标的理想解是Z^*，其中，

$$Z^+=(Z_1^+,Z_2^+,\cdots,Z_m^+)$$

用欧几里得范数作为距离的测度，则从任意可行解Z_i到Z^+的距离为：

$$S_i^+=\sqrt{\sum_{j=1}^{m}(Z_{ij}-Z_j^+)^2} \qquad i=1,\cdots,n \tag{1}$$

式中，Z_{ij}为第j个目标对第i个方案（解）的规范化加权值。

同理，设$Z^- = (Z_1^-, Z_2^-, \cdots, Z_m^-)^T$为问题的规范化加权目标的负理想解，则任意可行解$Z_i$到负理想解$Z^-$之间的距离为：

$$S_i^- = \sqrt{\sum_{j=1}^{m}(Z_{ij} - Z_j^-)^2} \qquad i = 1, \cdots, n \tag{2}$$

那么，某一可行解对于理想解的相对接近度定义为：

$$C_i = \frac{S_i^-}{S_i^- + S_i^+} \qquad 0 \leqslant C_i \leqslant 1, i = 1, \cdots, n \tag{3}$$

于是，若Z_i是理想解，则相应的C_i=1；若Z_i是负理想解，则相应的C_i=0。Z_i越靠近理想解，C_i越接近于1；反之，越接近负理想解，C_i越接近于0。那么，可以对C_i进行排队，以求出满意解。

3.TOPSIS综合评价方法计算步骤

第一步：设某一决策问题，其决策矩阵为A。由A可以构成规范化的决策矩阵Z'，其元素为Z'_{ij}，且有

$$Z'_{ij} = \frac{f_{ij}}{\sqrt{\sum_{i=1}^{n} f_{ij}^2}} \qquad i = 1,2,\cdots,n; j=1,2,\cdots,m \tag{4}$$

式中，f_{ij}由决策矩阵给出。

$$A = \begin{bmatrix} f_{11} & f_{12} & \cdots & f_{1m} \\ f_{21} & f_{22} & \cdots & f_{2m} \\ \vdots & \vdots & \cdots & \vdots \\ f_{n1} & f_{n2} & \cdots & f_{nm} \end{bmatrix} \tag{5}$$

第二步：构造规范化的加权决策矩阵Z，其元素Z_{ij}，

$$Z_{ij} = W_j Z'_{ij} \qquad i = 1, \cdots, n; j = 1, \cdots, m \tag{6}$$

W_j为第j个目标的权。

第三步：确定理想解和负理想解。如果决策矩阵Z中元素Z_{ij}值越大表示方案越好，则

$$Z^{+}=(Z_1^{+},Z_2^{+},\cdots,Z_m^{+})=\{\max_i Z_{ij}\,|\,j=1,2,\cdots,m\} \tag{7}$$

$$Z^{-}=(Z_1^{-},Z_2^{-},\cdots,Z_m^{-})=\{\min_i Z_{ij}\,|\,j=1,2,\cdots,m\} \tag{8}$$

第四步：计算每个方案到理想点的距离S_i和到负理想点的距离S_i。

第五步：按式（3）计算C_i，并按每个方案的相对接近度C_i的大小排序，找出满意解。

多目标综合评价排序的方法较多，各有其应用价值。在诸多的评价方法中，TOPSIS法对原始数据的信息利用最为充分，其结果能精确地反映各评价方案之间的差距，TOPSIS对数据分布及样本含量，指标多少没有严格的限制，数据计算亦简单易行。不仅适合小样本资料，也适用于多评价对象、多指标的大样本资料。利用TOPSIS法进行综合评价，可得出良好的可比性评价排序结果。

三、数据来源

本研究采取的数据主要来自各地州、县域政府工作报告和反馈信息数据，州、县域畜牧业部门提供数据、课题调研数据，样本调研时收集的资料和数据等（表5-2）。其中，X1～X16分别代表16个评价指标，H1～H28分别代表28个经营主体。

表5-2　评价指标体系

编号	X1	X2	X3	X4	X5	X6	X7	X8	X9	X10	X11	X12	X13	X14	X15	X16
H01	1 500	0	0	2	1	50	50	236	0	13	5 000	3 500	0.17	0.01	100	20
H02	1 120	0	0	2	1	50	50	200	0	33	5 000	3 500	0.17	0.01	100	20
H03	1 200	0	0	2	1	80	50	160	0	10	5 000	3 500	0.02	0	30	10
H04	2 960	0	0	2	1	80	80	160	0	47	5 000	3 500	0.03	0.02	50	10
H05	1 300	0	0	30	10	50	80	300	0	200	5 000	3 500	0.05	0.04	100	30
H06	1 380	0	0	2	1	275	80	260	0	133	5 000	3 500	0.01	0	50	10
H07	580	0	0	2	1	80	80	100	0	0	5 000	3 500	0.00	0	0	0
H08	3 400	0	0	12	24	200	80	600	0	16	5 000	3 500	0.16	0.01	120	30
H09	53 000	2	0	26	2	300	116	1 600	0	106	7 000	4 000	0	0.04	2 100	740
H10	1 800	0	0	2	1	80	50	100	0	20	5 000	3 500	0.02	0.00	80	20
H11	34 000	2	1	7	2	80	60	400	0	20	5 000	3 500	1	0.01	280	43
H12	420	0	0	2	1	50	80	170	0	33	5 000	3 500	0.01	0	0	0
H13	1 300	0	0	2	1	80	50	200	0	20	5 000	3 500	0.01	0	50	10
H14	3 000	0	0	3	2	10	0	45	15	0	4 000	3 000	0.05	0	38	14
H15	3 990	0	0	4	4	20	0	120	18	10	5 000	3 500	0.12	0	101	40
H16	1 800	0	0	2	0	10	0	35	15	0	4 000	3 000	0.05	0	43	16
H17	16 660	1	1	969	3	0	128	91	600	1 820	5 985	4 862	10	0.01	650	−60
H18	2 460	0	0	3	0	15	0	45	20	0	4 500	3 000	0.10	0	99	20
H19	6 000	0	0	6	10	150	50	212	500	3	5 000	3 500	0.35	0.02	370	50
H20	2 604 000	0	0	60	50	0	0	0	426	6	5 000	4 000	0.22	1.00	3 600	136
H21	666 667	2	0	119	620	1 750	28	0	0	0	6 000	4 800	0.00	0	0	0
H22	130 000	0	0	10	200	0	500	0	0	0	5 000	3 600	0.27	0	587	80
H23	66 000	1	1	100	4	200	50	680	30	3	6 000	4 500	0.10	0.01	400	100
H24	33 350	0	0	4	4	500	40	400	80	2	4 000	3 500	0.18	0.00	30	0
H25	4 666 690	0	0	20	5	600	100	2 600	500	3	6 000	4 000	0.60	80.00	32	300
H26	16 675	2	0	22	149	361	70	260	100	0	3 000	2 500	0.04	0.07	270	80
H27	1 333 340	1	0	10	3 000	600	100	3 000	400	4	4 000	4 000	0.50	0.60	600	200
H28	73 333 300	1	1	35	4	1 100	89	3 200	0	165	4 500	4 000	4.00	0.10	3 000	156

四、新疆畜牧业经营主体发展情况评价案例结果分析

（一）运用熵值法计算指标权重

在信息论中，熵是对不确定性的一种度量。信息量越大，不确定性就越小，熵也就越小；信息量越小，不确定性越大，熵也越大。根据熵的特性，我们可以通过计算熵值来判断一个事件的随机性及无序程度，也可以用熵值来判断某个指标的离散程度，指标的离散程度越大，该指标对综合评价的影响越大。因此，可根据各项指标的变异程度，利用信息熵这个工具，计算出各个指标的权重，为多指标综合评价提供依据。运行软件STATA14.0，求得各指标权重（W_i）见表5-3。

表5-3 运用熵值法计算评价指标权重情况

项目	f_i	d_j	W_j
X1	0.023 295 1	0.069 712 3	0.055 034 7
X2	0.023 182 5	0.117 363 3	0.092 652 6
X3	0.022 714 3	0.099 940 5	0.078 898 1
X4	0.023 644 7	0.071 750 1	0.056 643 2
X5	0.024 735 1	0.072 904 1	0.057 554 3
X6	0.025 352 1	0.099 147 1	0.078 271 8
X7	0.023 103 2	0.091 547 9	0.072 272 6
X8	0.026 795	0.101 104 8	0.079 817 3
X9	0.059 226 6	0.107 478 9	0.084 849 4
X10	0.022 849	0.069 140 3	0.054 582 9
X11	0.042 859 3	0.017 472 1	0.013 793 4
X12	0.023 118 8	0.016 218	0.012 803 3
X13	0.022 898 1	0.078 230 2	0.061 759

(续)

项目	f_i	d_j	W_j
X14	0.020 447 1	0.069 164	0.054 601 6
X15	0.021 900 1	0.094 951 9	0.074 959 9
X16	0.020 451 8	0.090 576 8	0.071 505 9

（二）计算相对接近度 C_i 值并排序

TOPSIS分析法中，若 Z_i 是理想解，则相应的 $C_i=1$；若 Z_i 是负理想解，则相应的 $C_i=0$。Z_i 越靠近理想解，C_i 越接近于1；反之，越接近负理想解，C_i 越接近于0。根据TOPSIS方法原理，通过Excel计算出与理想解的相对接近度 C_i。各经营主体与正、负理想解的距离 Z_i^+ 和 Z_i^- 以及相对接近度 C_i 的计算结果见表5-4。

（三）各经营体综合情况分析

根据以上分析结果，将阿勒泰地区、塔城地区和巴音郭楞蒙古自治州等28家牧业经营主体的 C_i 值由大到小进行排序，结果见表5-5。

表5-4　与理想解的相对接近度 C_i 值情况

经营主体代号	Z_i^+	Z_i^-	C_i	C_i 排序
H01	0.193 505 49	0.009 850 83	0.048 441 229	20
H02	0.193 620 736	0.009 681 518	0.047 621 3	21
H03	0.194 245 317	0.009 052 427	0.044 527 925	24
H04	0.193 204 289	0.011 690 787	0.057 057 433	17
H05	0.191 788 381	0.013 108 658	0.063 976 806	16
H06	0.191 181 454	0.014 833 634	0.072 002 66	15
H07	0.193 896 399	0.011 139 075	0.054 327 549	18
H08	0.189 465 544	0.016 390 709	0.079 622 108	14

(续)

经营主体代号	Z_i^+	Z_i^-	C_i	C_i 排序
H09	0.164 795 876	0.088 064 118	0.348 272 247	5
H10	0.194 002 13	0.009 481 47	0.046 595 746	22
H11	0.181 210 865	0.058 950 237	0.245 461 218	9
H12	0.193 927 087	0.011 129 543	0.054 275 461	19
H13	0.194 043 204	0.009 235 757	0.045 433 904	23
H14	0.196 517 42	0.006 292 572	0.031 026 933	28
H15	0.195 092 517	0.008 774 18	0.043 038 809	25
H16	0.196 502 779	0.006 445 498	0.031 759 314	27
H17	0.151 323 482	0.117 045 322	0.436 136 094	1
H18	0.195 930 152	0.007 020 401	0.034 591 682	26
H19	0.185 046 147	0.040 730 017	0.180 399 988	12
H20	0.179 950 782	0.062 836 726	0.258 813 672	7
H21	0.178 136 852	0.072 349 322	0.288 835 59	6
H22	0.182 722 369	0.060 879 24	0.249 913 127	8
H23	0.177 922 107	0.049 064 851	0.216 157 136	10
H24	0.188 904 043	0.019 730 883	0.094 571 332	13
H25	0.159 613 425	0.085 511 158	0.348 847 744	4
H26	0.180 651 914	0.046 421 44	0.204 433 673	11
H27	0.156 188 735	0.086 554 187	0.356 567 293	3
H28	0.144 247 593	0.106 056 41	0.423 710 402	2

表5-5　各经营主体综合效益对比情况

序号	经营主体名称	代号	经营模式	C_i 值	排序
1	且末县昆其布拉克牧场	H17	国有农牧场	0.436136094	1
2	福海县大尾羊有限责任公司	H28	养殖企业	0.423710402	2
3	额敏县生态农业专业合作社	H27	养殖合作社	0.356567293	3
4	鑫龙商贸有限责任公司	H25	龙头企业	0.348847744	4
5	青河县梦园科技有限公司	H09	龙头企业+合作社	0.348272247	5

(续)

序号	经营主体名称	代号	经营模式	C_i值	排序
6	伊犁巴口香公司	H21	龙头企业	0.288835590	6
7	玛纳斯县现代良种牛繁育有限公司	H20	龙头企业	0.258813672	7
8	新疆大唐盛汇农牧业科技有限公司+塔城市博孜达克三牧养殖专业合作社	H22	龙头企业+合作社	0.249913127	8
9	青河县西部卡卡有限公司	H11	龙头企业+合作社	0.245461218	9
10	青河县广源种养殖专业合作社	H23	龙头企业+合作社	0.216157136	10
11	额敏县民全奶牛养殖专业合作社	H26	龙头企业+合作社+基地	0.204433673	11
12	塔城地区三农农牧发展有限公司	H19	龙头企业	0.180399988	12
13	塔城市庆丰综合专业合作社	H24	养殖合作社	0.094571332	13
14	青河县萨尔托海乡绿丰养殖农民专业合作社	H08	养殖合作社	0.079622108	14
15	青河县丰农畜牧养殖农民专业养殖合作社	H06	养殖合作社	0.07200266	15
16	青河县阿热勒乡达巴特养殖专业合作社	H05	养殖合作社	0.063976806	16
17	青河县百兴养殖专业合作社	H04	养殖合作社	0.057057433	17
18	青河县富疆养殖专业合作社	H07	养殖合作社	0.054327549	18
19	青河县新乔翻家畜养殖专业合作社	H12	养殖合作社	0.054275461	19
20	青河县阿尔曼特家畜养殖农民专业合作社	H01	养殖合作社	0.048441229	20
21	青河县阿热勒托别乡阿亚克阿克哈仁阿勒泰羊养殖专业合作社	H02	养殖合作社	0.047621300	21
22	青河县瑟依拉斯畜牧养殖农民专业养殖合作社	H10	养殖合作社	0.046595746	22
23	青河县阿热勒乡众富农民专业养殖合作社	H13	养殖合作社	0.045433904	23
24	青河县安民畜牧养殖农民专业养殖合作社	H03	养殖合作社	0.044527925	24
25	塔城养殖大户（姬某）	H15	养殖大户	0.043038809	25
26	塔城联户经营（段某）	H18	联户经营	0.034591682	26
27	巴州养殖大户（杨某）	H16	养殖大户	0.031759314	27
28	巴州养殖大户（李某）	H14	养殖大户	0.031026933	28

从表5-5看出，巴音郭楞蒙古自治州的且末县昆其布拉克牧场（国有农牧场）、阿勒泰地区的福海大尾羊有限责任公司（龙头企业）、额敏

县生态农业专业合作社（养殖合作社）、鑫龙商贸有限责任公司（龙头企业）、青河县梦园科技有限公司（龙头企业+合作社）、伊犁州直的伊犁巴口香公司（龙头企业）综合评价结果较优；除福海大尾羊有限责任公司和额敏县生态农业专业合作社得分排在前三名外，其余合作社均列后位，评价结果排在末尾的几个经营主体均为养殖大户。

综合来看，28家经营主体中，13家“龙头企业”或者以“龙头企业+合作社”形式的经营主体均在前列。以上结果充分说明牧业经营体中企业参与牧业经营的重要性，以及采用“龙头企业+合作社”这种经营模式综合效益较佳，具有一定的比较优势。同时，随着农牧业产业化的发展，企业这一经营主体作为我国农业产业化快速发展的助推器，在各种产业化模式中的作用越来越突出，特别是“龙头企业+合作社+农牧户”等经营模式，能够拉长畜牧业产业化产业链，更好解决小生产和大市场的衔接问题，因此也将成为市场与牧户之间的桥梁，不断促进牧户与地方龙头企业之间的合作，能够最大限度提高信息的对称性，有效降低交易成本，最大限度平衡各方利益，为组织模式的长久发展提供保障。

第六章　新疆新型牧业经营体模式构建

新疆牧业经营主体是在畜牧业经营主体大框架下形成的，政府在其中起到了较强的主导与调节作用，由此形成的经营体系在一定程度上有效促进了区域社会经济的进步与发展；而牧户、企业、政府等参与主体的目标函数并不一致，各参与主体的利益分配机制与责任划分机制也不够完善，这又限制了经营体系的进一步完善，因此有必要在现存的运行机制的基础上，进一步对阻碍牧业经营发展的障碍进行排除，对部分路径进行纠偏。而融合发展则是一种紧密关联、相互依存、相互促进的存在方式之一，适当的融合不仅能够很好地解决小农户生产与大市场需求的对接，使众多小规模生产者能够较好地满足加工者以及消费者对产品在品种、数量、品质、规格、品牌、安全性等方面的要求，同时也使得生产者、加工者和消费者都能获益，特别是作为生产者的农牧民也可以参与到全过程中价值链增值的分配中，从而在增加收入的同时，增强优质产品生产的自觉性。但融合模式则需与当地社会经济条件和资源禀赋相适应才能更好地实现质量发展、绿色发展和高效益发展。基于此，结合新疆区域、各地区生产生活方式及社会经济条件和发展水平提出以下几种优化升级模式建议：

一是小分散、大融合（产业内合作）模式，该模式主要适用于以自给自足为生产生活方式的区域；二是点状布局、网状融合模式，该模式适用于区域范围内产业链各环节间能够有合作的基础，并能通过区域内“种养联合＋农村电子商务”等形式进一步合作的区域；三是市场导向的产业协同发展模式，即跨区域、跨行业的联合发展，该模式可通过引入政府主导的第三方服务支撑体系进行有效桥接（表6-1）。

一、不同模式特点

表6-1　不同模式特点与适宜区域

模式	类型	适宜区域	特　点
一	小分散、大融合	偏远、居住分散或交通、市场不便的区域	生产资料集中采购——节约小户生产成本 统一提供配套服务——及时解决小户困难 标准化养殖生产——统一产品质量标准，满足订单客户需求 统一组织市场供应——增强市场议价话语权，减少客户收购成本
二	点状布局、网状融合	有较好经营基础和协调能力的各协会之间的合作	专业化分工、标准化生产定制式服务；跨地域、跨行政区域优劣互补 生产端：产量、存量、进口（购买） 中间端：链接生产到消费的各环节主体 市场端：需求、产品、品牌、质量、价格 三端布局与协作：集散中心、分流站点、加工点分布与主产品生产、品牌合作 统一各自品牌产品生产、加工标准，按质按标按品种分类加工生产，统一配送，减少中间环节成本

（续）

模式	类型	适宜区域	特　点
三	市场导向的产业协同发展	城郊结合区、区域产业、经济较发达地区	合作发起方做全链条成本估算与利润分配方案，各方达成一致签订合同实施； 根据市场和所合作方需求进行生产或服务； 物流企业服务于生产者和加工者；科技、金融、税收等社会化定制服务；相关法律、监督与监管体系全程追踪与监管政策、措施保驾护航
		企业依据自身条件和发展方向选定区域	拥有自己的养殖场、屠宰加工车间、冷链物流系统、市场、政策法律顾问及专业研发与营销团队。拥有全产业链各环节的全部资源。成本、利润均在自有体系内进行核算与分成。拥有相关配套服务体系和公关团队。优势是可以准确分析市场、调节产品生产，劣势是维护运营成本较高

二、不同模式的组成与运营

(一)“小分散、大融合（产业内合作）”模式

该模式可以是几家农牧户或家庭成员自愿结成联盟，以协议等方式成立的一个利益共享、风险共担的组织，可以在一定程度和范围内解决牧业生产链条中的技术、销售、服务、信息、市场等问题。通常可以将该类模式分为两种类型：一是“联户型合作模式”（图6-1），可以是固定联户，也可以是非固定按需联户；另一类是“家族式经营模式”（图6-2）；从具体运作来看，小分散、大融合模式所需生产资料（草料、兽药、饲料甚至是草场等）可以由牧户自主成立的组织进行集中采购，这样不仅可以降低单个小户在市场上直接进行交易时带来的交易成本；

同时有助于相关基层推广机构、金融服务机构统一提供配套服务，及时解决小户经营中的资金、市场等问题；此外，进行资源整合之后的小户，可以按照标准化养殖要求，统一产品生产标准和质量标准，提供满足订单客户需求的产品，也可以进行统一组织市场供应，进一步增强市场议价话语权，减少客户收购成本。该模式只有产品到商品的单向流动，缺少市场信息反馈流。生产者多凭经验判断市场，消费者对产品质量要求不高，区域内、近距离三产间连接不紧密或无连接，但不乏成为跨区域小分散、大融合基础生产单元的机会。

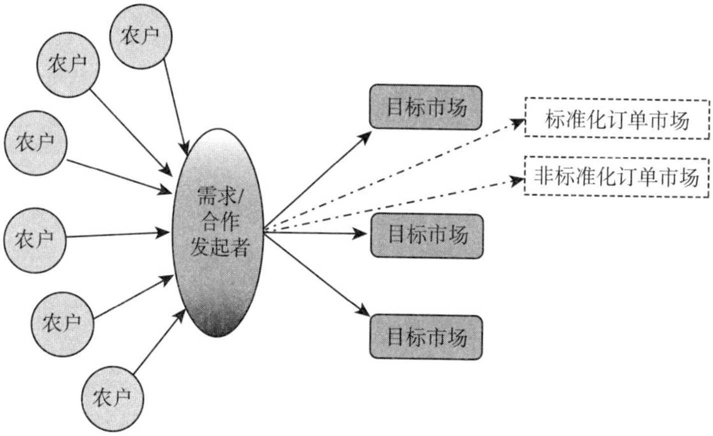

图6-1　联户型合作模式

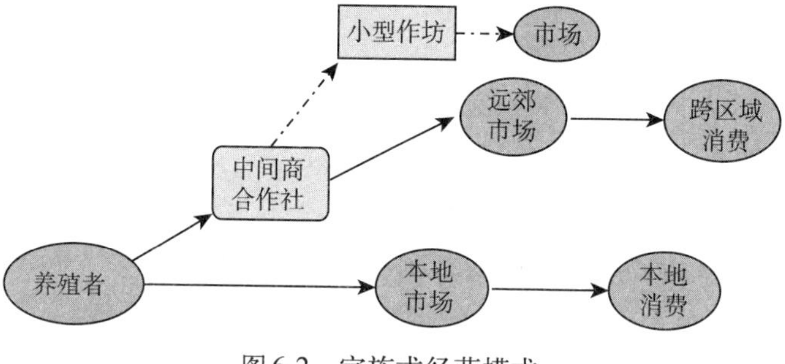

图6-2　家族式经营模式

(二)“点状布局、网状融合”模式

新疆畜牧业涵盖了农区、半农半牧区和牧区三大区域，但畜牧业主要分布在半农半牧区和牧区，因此，建立新型牧业经营体，必定要以现有或者成立新的组织协会为基础，打破区域资源的限制或垄断，整合区内、区间，行业内、行业间的有效资源，最终实现跨区域、跨行业的联合发展。该种模式主要依据规模性生产主体的资源禀赋优势，进行专业化分工标准化生产，采取定制式服务，通过生产端的产量、存量、进口（购买），中间端的消费各环节主体以及市场端的需求、产品、品牌、质量、价格进行有效连接，实现三端布局与协作，成立集散中心、分流站点、加工点分布与主产品生产、品牌合作，并统一各自品牌产品生产、加工标准，按质、按标、按品种分类加工生产，统一配送，减少中间环节成本。该模式适宜于大中城市（镇）间跨区域且有较好经营基础和协调能力的各协会之间的合作，实现点状布局到网状融合（图6-3）。

大中型城市（镇）多为各地政治、文化中心，经济发达、交通便利、人口相对密集、消费多样化是其主要特征。该区域虽缺少养殖资源，但消费市场巨大。有一定规模的物流、仓储、配送服务体系，易于获得技术、政策、法律、市场等信息资源。这类区域多由城郊或牧区提供胴体或初加工产品，也有部分企业开设专卖店、餐饮店等自销产品。但此营销模式产品销售渠道有限、产业链各主体间协作性差、合作意识不强，机器、库房闲置率、物流车辆空载率等无形中也增加了经营成本。因此需要有一个值得各方信任的服务体系作为桥梁，有效汇聚各方资源，从比较优势的角度各取所长，互惠互利，使各方产业资源融为一体，实现共享互赢（图6-4）。

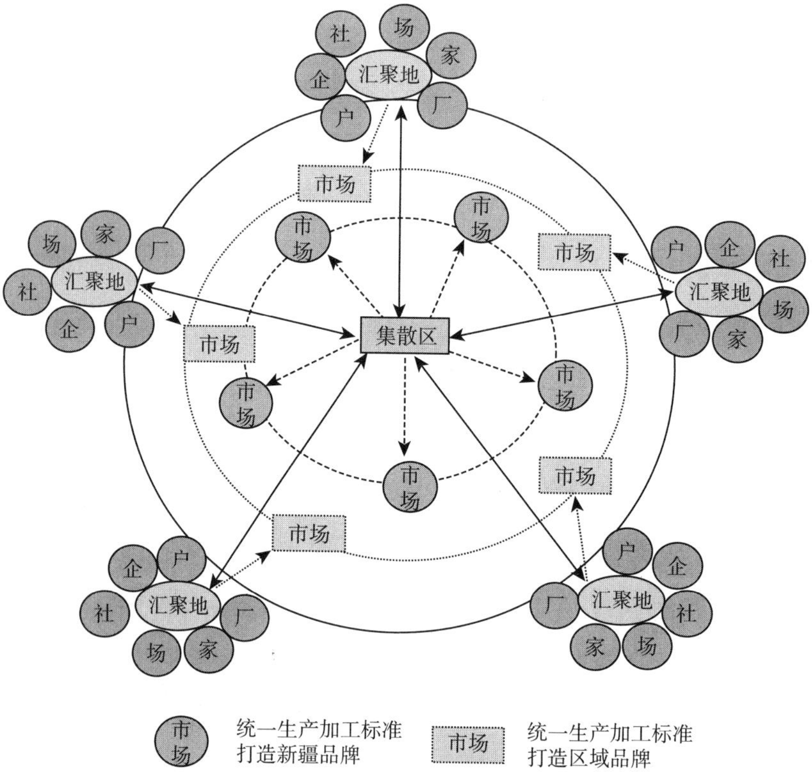

图6-3　点状布局、网状融合模式

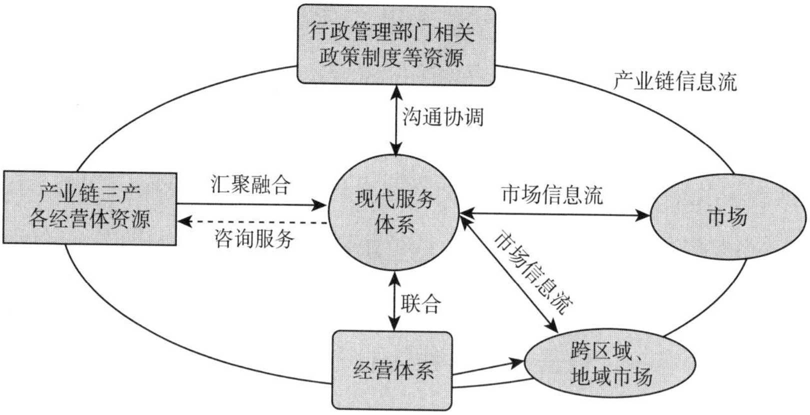

图6-4　大中城市服务体系运营模式

大中型城市区域消费者较为注重畜产品品牌和质量，生产者需要生产出符合产品加工需求的活畜禽，因此养殖者多为大、中型标准化、规模化养殖场（区）或合作社+企业的生产方式，或者是企业自养+部分外购的生产模式。特点是可以实现统一生产质量标准、统一品牌包装和销售，具有拓展畜牧业观光体验区的发展潜力（图6-5）。基本属于企业内部产加销一体化经营模式，运营、管理和风险防范成本相对较高。

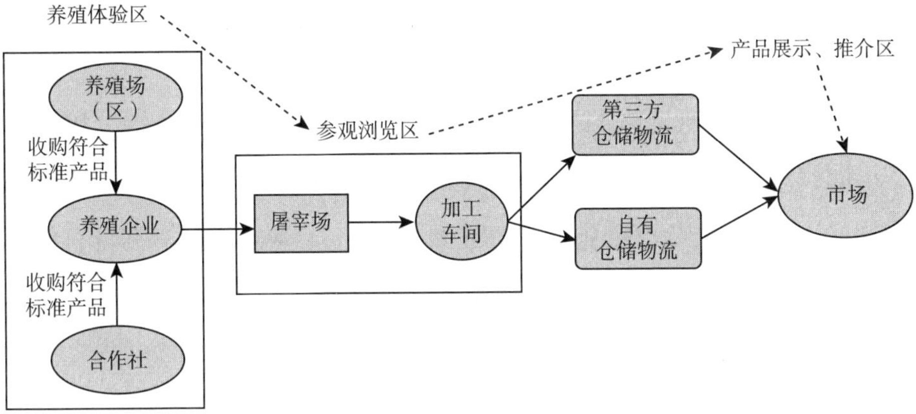

图6-5　具备拓展观光体验发展潜力的运营模式

（三）　市场导向的产业协同发展模式

可分为两种类型。一种是合作发起方做全链条成本估算与利润分配方案，各方达成一致签订合同实施。根据市场和所合作方需求进行生产或服务，物流企业服务于生产者和加工者，科技、金融、税收等社会化定制的服务，并通过相关法律、监督与监管体系全程追踪与监管政策、措施为产业发展保驾护航。该模式适用于在城郊结合区、区域产业、经济较发达地区可以进行市场导向性的产业协同发展模式（图6-6）。

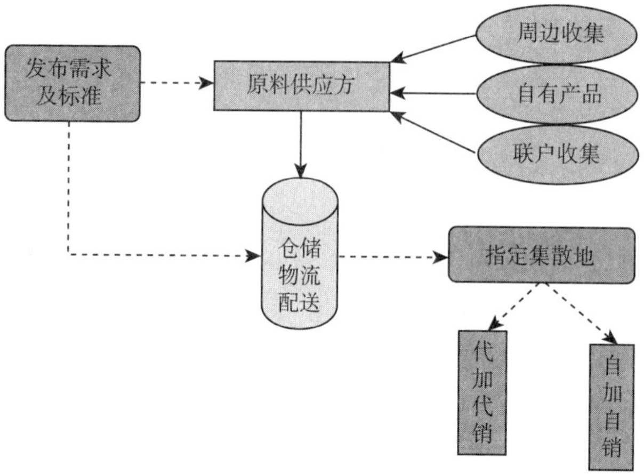

图6-6　需求方发起合作需求模式

另外一种是通过资源整合，龙头企业拥有自己的养殖场、屠宰加工车间、冷链物流系统、市场、政策法律顾问及专业研发与营销团队（图6-7）。拥有全产业链各环节的全部资源，成本、利润均在自有体系内进行核算与分成。通过自有相关配套服务体系，将交易成本内部化。该类型适宜于大中型全链条生产加工企业或涉农龙头企业。

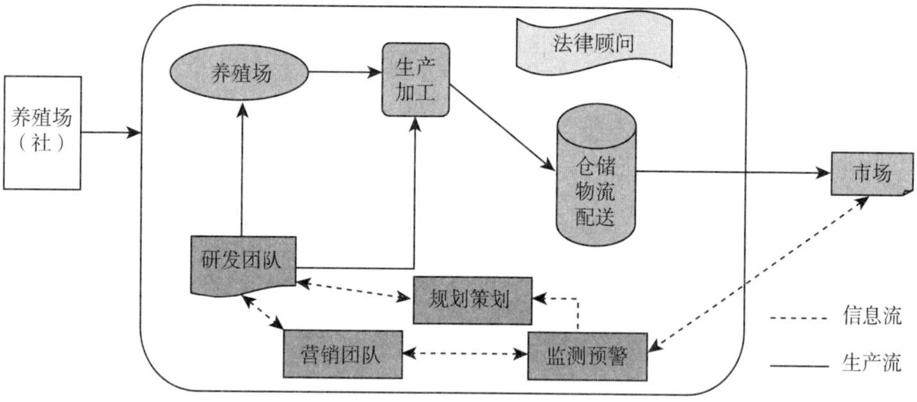

图6-7　全自有经营模式

城郊结合区具有较为优越的养殖和市场资源，农牧业生产资源丰富、区域经济社会发展基础好，为农牧业生产和农畜产品销售提供了有利条件，三产在该区域具有很好的融合空间和条件，并有可能成为畜产品分销的集散地，同时也为跨区域融合发展奠定了基础。城区高消费会刺激郊区提高生产能力，当郊区生产受限时可从邻近区域散户或合作社购买商品畜用于生产加工。多样化畜产品也为地方产品跨区域销售打开了通道，产品商品化能力的提高也保障了产业链各主体的经济效益。冷库建设的位置、数量、规模以及各加工体的共享方式和冷链物流的配送服务是该模式成本控制与风险防范的重要内容。

该区域生产者具备一定的生产规模，能够在基本满足当地市场需求的同时，为特定客户提供产品加工服务。此时生产、屠宰加工、仓储物流、消费者之间就产生了一定程度的关联，在区域范围内形成产业联合。但这种联合虽有双向信息流通，但多限于生产者和订单客户之间，与流通、仓储间沟通较少，组织架构松散，管理协调有一定难度，受风险和利益驱使，相互间契约意识难以保障，同时在加入加工、冷链物流和仓储等环节后，各利益体之间的利益分配与合作机制是产业融合发展的关键。

在该模式中，若屠宰与加工形成稳定的合作关系，同时共享仓储和冷链物流资源，不仅有助于节约生产加工成本，同时也可以减少仓储、物流的空置、空载率。因此，区域内屠宰场、冷库建设的数量、位置是成本控制中要考虑的重要因素（图6-8）。

无论何种模式，都要因地制宜、瞄准市场，而打破区域限制和传统经营模式则是发展的关键。把各类专业合作社、养殖场、养殖户等经营体联合起来形成覆盖上游饲草料生产配送、中游标准化养殖、下游屠宰加工销售，集“养、贸、加”于一体的养殖产业体系，实现风险共担，利益共享，增强抵御市场风险的能力，将对全疆畜牧养殖产业稳定健康、标准化发展起到积极作用。

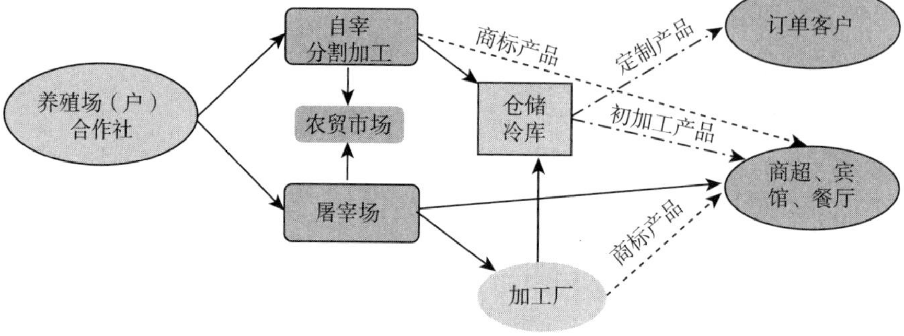

图6-8　产业链利益体协作关系

第七章　新型经营主体案例介绍与经验借鉴

一、新疆牧业经营主体案例介绍

（一）新疆旺源生物科技集团

新疆旺源生物科技集团前身为新疆旺源驼奶实业有限公司，成立于2007年4月，2014年8月升级为新疆旺源生物科技集团（简称：旺源集团），下辖4个分公司和1所新疆双峰驼研究院，是全国唯一一家以骆驼系列产品研发、深加工、销售为一体的农业产业化国家重点龙头企业、自治区级扶贫龙头企业、高新技术企业。2017年，企业被评为全国“万企帮万村”精准扶贫先进民营企业，董事长陈钢粮获得“全国脱贫攻坚奖奉献奖”。

旺源集团自成立以来，紧紧依托新疆骆驼这一独特的优势资源，全力做好“有机”驼奶产品的深度研发和开发，目前已有液态奶、奶粉、奶片、发酵奶等四个驼奶系列产品。产品自2011年上市销售以来，迅速发展到全国各地大中城市2 000余家专卖店、2 000余处大型商超专卖点，搭建起除西藏外，包括香港、台湾在内的全国销售网络，以及美国、新西兰等国外13个销售网点，研发出的驼奶产品、驼绒制品、驼奶化妆品、驼奶保健品等已经上市销售，并赢得良好社会口碑，同时也有效带动了产业源头上的边疆牧民增收致富。“旺源驼奶”产品已成为新疆农业名牌产品和新疆名牌产品，福海县也由此获得“中国驼奶之都”的称号。

集团始终坚持以科技创新作为企业发展的支撑点，长期与国内高等院校、多家大型科研医疗机构合作，出版了《骆驼乳与糖尿病》等5部专著、取得6项国家发明专利、15项外观专利。2013年，公司出资1 500万元在世界上首先完成了双峰驼基因图谱测序，科研成果已在《Nature》上发表。联合内蒙古农业大学乳品生物技术与工程教育部重点实验室，上海交通大学及国内多家科研机构合作，组成专业研发队伍，围绕骆驼系列产品，进行科技研发和攻关，经过研发团队的不懈努力，终于在生鲜驼乳的灭菌、保鲜等技术方面实现了国内“零”突破，尤其是“驼乳无添加保鲜”技术，打破了国内生鲜乳制品靠添加剂进行保鲜的局限，生鲜驼乳不添加任何添加剂，靠自身营养物质实现保鲜，而且将保质期不足7天延长到6个月，在世界驼奶行业拥有了话语权。

通过打造“示范养殖基地+合作社+养殖户”的产业发展模式，引导养殖户加入合作社，进入产业链中，通过产业的发展，实现边疆农牧民增收致富。2008年建成了占地面积500亩的第一个集规模养殖、科学饲养、科技示范等功能为一体的大型专业奶驼养殖示范基地，充分发挥了示范带动和科技创新引领作用，带动养殖户实现了从分散经营向集约化、规模化经营方式的转变。为实现集约发展，养殖基地成立了“托驼所”，开展“骆驼托管养殖”和“骆驼租借”服务。养殖数量在5峰以下的养殖户，可以将骆驼委托给“托驼所”，由基地进行统一养殖和管理，让那些分散零星的养殖户在不增加投入成本的情况下，享受到规模化养殖带来的红利。而对于那些想扩大养殖规模的养殖户，可以通过“托驼所”，租借一定数量骆驼，实现以较少投入进行扩大再生产，从而提高生产的投入产出率，提高经济效益。

2011年12月福海县成立了第一个奶驼养殖专业合作社——福海县喀拉玛盖乡阿赫达拉奶驼养殖农民专业合作社，有社员12户。到2018年年底，骆驼数量从合作社成立时的200峰增加到了1 600峰，日产奶量达到2～2.8吨。马那提·努尔旦别克是阿赫达拉奶驼养殖合作社唯一的一个大学生，2004年大学毕业后，开始自己创业养马，但没有富裕起来。加入奶驼养殖合作社前，他既没有养殖经验和技术，也没有资金。2011年加入合作社后，他租了5峰骆驼，在合作社的技术指导下，他逐渐掌握了养驼技术。2019年年初，马那提·努尔旦别克养殖骆驼数量达到185峰，月收入4.2万余元。

作为国家农业产业化龙头企业、新疆维吾尔自治区扶贫龙头企业，精心铸造“龙头企业+专业合作社+养殖基地+养殖户”“专家顾问团技术服务+龙头企业金融扶持+代理商精准扶贫”的产业化富民工程，辐射并带动阿勒泰、塔城、昌吉、乌鲁木齐、哈密等地州（市）5 000余户农牧民，上万余人走上了富裕之路，创出了一条科技引领产业发展、“龙头”带动实现农业产业化精准扶贫的新路子。公司创造的“零成本投入、零经营风险、零距离就业”产业扶贫新模式，形成了生产-经营-销售的全产业链帮扶体系。这一模式于2013年被农业部命名为“福海模式”。

“零成本投入”帮助养殖户解决了贷款难的问题。公司采取借款、贷款担保、代理商出资等三种方式进行金融扶持，及时高效地为养殖户提供扶持资金，使他们在“零成本投入”的基础上，尽快投入生产，快速实现脱贫。

对于贫困户和特困家庭，公司每年安排1 000万元专项资金进行扶持，每户每年可从公司得到5万～10万元的无息借款投入生产。公司先后为阿尔棍·阿勒甫、初海·阿合买提等76户养殖户直接给予资金支持，累计借出款项136笔，累计金额达到2 000多万元。

凡向银行申请贷款的养殖户，公司对其贷款全额担保。公司先后为木尔扎别克·塔皮、吉因汗·沙怕等83户养殖户提供了银行贷款担保，累计担保金额达到3 000多万元。公司成立以来，先后为500多家贫困骆驼养殖户的借款和担保贷款共计1 000余笔，累计金额达到8 000余万元。

2012年至今，旺源集团共发放给牧民无息贷款共计9 000多万元，贷款通过回收驼奶按比例返还，40%奶款交由企业还贷，60%归牧户所有，在减轻牧民还款压力的同时，企业还定期开展组织牧民、企业职工前往内地学习、旅游、奖励现金等回馈激励活动，使得企业与牧民之间建立了较好的信用纽带，不仅有效保障了企业奶源的稳定供给，也保障了养驼户稳定的经济收入。到目前没有发生一起不良贷（借）款现象。

2016年9月，公司联合全国各地200多位“旺源”驼奶代理商，进行“企业+代理商+贫困牧户”一对一的精准扶贫，融资1 000多万元，对适宜骆驼养殖区域的边疆牧民实行产业精准扶贫、有效扶贫。代理商们与福海县10个村共100户贫困户签订了帮扶责任书，每位参与帮扶的代理商与一户贫困户签订帮扶协议，为贫困户提供10万元无息借款，帮助他们购买奶驼，解决了购驼资金制约瓶颈。贫困户则通过向公司供应鲜奶，按计划归还帮扶资金，既实现了精准扶贫，又有效解决了企业奶源不足的困难。

“零经营风险”解决了养殖户的产品销售问题。公司实行产品收购“订单制”，所有养殖户合格的鲜奶全部进行上门收购，实行“价格不低于市场价”的价格保护。驼奶价格也由建厂前的5元/千克提升至40元/千克。一峰奶驼按每天产奶2～3千克，每千克按均价40元出售，一年可收入42 000元左右，剔除30%左右的饲养成本，年收益在2.9万元以上。

在公司“零经营风险”机制下，福海县从事骆驼养殖的农牧民没有一户因经营风险出现亏损，“零经营风险”体制有效保证了养殖户的收益，骆驼养殖也由此成为农牧民快速脱贫致富的好项目。福海县阔乡别斯克拜村牧民祖乐汗通过与企业签订收奶协议后，年收入有了明显提高，驼存栏也从2001年的3峰骆驼，发展至2019年年末的130峰。

“零距离就业”解决了贫困人口务工脱贫的问题。2018年，福海县50峰规模以上骆驼养殖户达到526户，169位贫困人口通过“零距离”就业实现了脱贫。

生产-经营-销售的全产业链帮扶体系对实现产业扶贫目标起到了巨大的推进作用。2012—2018年，先后有137户贫困户通过公司帮扶实现了脱贫，有169位贫困人口实现了脱贫，有183户农牧民通过帮扶，年收入达到20万元以上，成为当地的富裕户。

（二）南达新农业股份有限公司

南达新农业股份有限公司成立于2004年8月，注册资本13 600万元。公司立足喀什资源优势，以“开发天然绿色健康资源，构筑生态农业循环产业链”为核心战略，以“一产是基点，二产是重点，三产是亮点”为基本思路，坚持三业并举，加快推进农村一二三产业融合发展，打造了饲草种植、畜牧养殖、有机肥、林果种植、休闲观光农业、乳品、林果、特色食品精深加工和品牌连锁渠道建设为一体的生态循环产业链，以乳制品、特色林果产品和特色食品为主营业务，不断拓宽农牧民增收渠道。

在“科技兴农、技术扶农、流通带农、培训促农、订单富农”的农业产业化经营框架下，采取“公司+基地+农户”联结模式，开展产业扶贫、就业扶贫、智力扶贫、资产收益扶贫和公益扶贫，形成了较为成熟的扶贫模式。一是直接解决就业获得稳定的工作和收入；二是季节性劳务输出，让村民在家门口参与到企业生产中获得劳动报酬；三是农产品收购，多年来带领基地周边农牧民实现收入持续增长；四是与巴楚县和岳普湖县合作开展奶牛托管经营，进行资产收益扶贫，为南达乳制品加工业奠定了坚实基础；五是与深度贫困村叶城县乌夏巴什镇尤吾斯村签订胡萝卜订单，通过产业带动帮助贫困户实现脱贫；六是对“万企帮千村”对口扶贫联系点喀什市阿瓦提乡科克其村等贫困村进行扶贫；七是通过培训，提高大家的综合素质和劳动技能；八是通过产业示范提高农牧业的作业标准和科技水平；九是辐射带动南疆各地州种植、养殖、加工、运输等相关产业发展。

南达冰川牧场是按照现代畜牧业科学养殖的要求，在喀什地区疏附县兰干镇与木什乡交界处建立的集科研、养殖、育种为一体的生态型良种奶牛繁育基地，高标准引进美国、澳洲纯种奶牛，已建立起高产奶牛核心群，引进了智能化挤奶系统和TMR饲喂系统，建立了奶牛身份自动识别系统和疫病防控体系，实现了养殖机械化、管理信息化。2011年被农业部命名为中国第一批畜禽标准化示范场建设单位，2019年再次被评为“畜禽养殖标准化示范场”，通过自治区和国家“学生饮用奶”

奶源基地认证。冰川牧场下游的3 000米^{3}沼气项目已全面投入使用，粪污处理后产生的沼气全面用于养殖场员工餐厅、锅炉、生产区锅炉等，沼渣、沼液运用到畜牧生产和林果种植、设施农业上，形成种养结合的生态农业循环模式，实现了畜禽养殖废弃物资源化利用。在喀什地区疏附县兰干镇与木什乡交界处，依托南达冰川牧场奶牛养殖粪污为原料，生产销售有机肥、生物有机肥、有机-无机复合肥、BB肥等，进一步推进了畜禽养殖废弃物处理和资源化综合利用，促进南达冰川牧场生态产业可持续发展。

在乳制品加工方面，专注于研发独具喀什地域优势和特色的“原生态、纯天然、无污染”产品，打造了以“帕米尔”高原为原产地的喀什名优农产品品牌，投入资金近2亿元，建成了日处理鲜奶300吨的奶粉和液态奶生产线。拥有自主品牌“音苏提”“冰川牧场”“南达”“南达家品”“喀喇昆仑”等拳头产品，主要产品有全脂有机奶粉、鹰嘴豆奶粉、果奶系列产品、低温奶系列产品、常温奶系列产品、果蔬汁系列饮品以及菊粉、冻干沙棘全果粉等；疆内已覆盖南疆四地州及乌鲁木齐市场，赢得了广大消费者信任和青睐，疆外市场拓展有序展开，在上海、深圳、浙江等长三角、珠三角地区已有较高知名度。

“南达”商标系列产品连续几届获得自治区著名商标和新疆名牌、农业名牌产品称号，“南达”奶粉在上海农博会获金奖；发酵活性乳酸菌胡萝卜汁获得第九届新疆农产品北京交易会金奖、“音苏提”有机纯牛奶获得第十五届中国国家产品交易会金奖；“音苏提”纯牛奶和奶粉等系列产品通过有机认证，“冻干沙棘全果粉”荣获第二届中国新疆特色林果产品博览会创意包装大赛金奖，拥有19项自主知识产权专利。

在食品加工方面，于2017年7月成立了喀什迈福敦食品有限公司，主要经营具有喀什特色的馕、蛋糕、面包等产品。目前已在喀什市区开设9家南达·迈福敦烘焙连锁店，并取得较好收益。生产的辣皮子馕、玫瑰花馕已经出口到了哈萨克斯坦。

依托公司及周边乡村农、林、牧等农业资源，在疏附县木什、栏杆乡开发以特色种植、特色养殖、采摘、餐饮等集休闲农业与乡村旅游于一体的生态产业园，进一步推进农村产业融合发展和喀什地区全域旅游发展，有效吸纳贫困人员就业，搭建特色农产品销售平台，促进农民脱贫致富。

目前，南达新农业股份有限公司已成为农业产业化国家重点龙头企业、国家扶贫龙头企业、农村产业融合典型龙头企业、高新技术企业、奶业脊梁企业、自治区“千企帮千村精准扶贫行动”先进单位、自治区民族团结进步模范单位。

（三）新疆福润德投资集团有限公司

新疆福润德投资集团有限公司成立于2008年3月，注册资金3亿元。前身为2003年成立的新疆福润德房地产开发有限公司。截至2019年年底，集团公司总资产市值45亿元，年总产值18亿元。目前集团公司下辖置业板块、购物中心板块、农业投资板块等三个板块的43个全资子公司和10个控股参股公司，分别从事房地产开发、百货零售、餐饮服务、商旅住宿、健身洗浴、影视娱乐、农牧投资、养殖加工、食品生产、销售体验、物业管理、保安劳务、旅游发展、物流仓储、会员服务、投资融资、进出口贸易等产业，是一个产业结构多元化的综合性企业投资集团。其中，农业投资板块的新疆福润德农牧业发展有限公司在冷鲜分割牛羊肉产品生产的基础上，不断丰富和延伸企业产业链，通过在上游投资草料种植和饲料加工，建设示范养殖基地，引导农牧民发展规模化、标准化、现代化养殖；中游开发饺子、丸子、灌肠、牛肉干等熟食（半熟食）产品；下游开发皮革、肠衣、红血素、胰岛素、软骨素、医用透明质酸等高附加值产品，进而实现生产效益的最大化。

新疆福润德农牧业发展有限公司自2011年1月成立以来，先后建立了伊犁福润德农牧业发展有限公司、巩留天福润农牧业发展有限公司、特克斯县科润源农牧业发展有限公司、福海天润农牧业发展有限公司四大生产基地，在四个基地建立的屠宰加工厂已全面投产，年屠宰羊产能220万只，年屠宰牛产能12万头。位于新源县和福海县的两个熟食加工厂实现调理肉制品、速冻水饺、牛肉干、牛肉酱、灌肠、酱卤熟食等六大系列熟食加工年产能5.5万吨。公司已取得中国商品条码证书、HACCP、ISO9001质量体系认证及QS证书，并获得入沪许可和对国外出口的资质。

福海公司按照集团活畜采购同心圆的要求，确定由县供销联社和福海公司共同牵头，在全县54个有养殖户的行政村设立活畜收购点，各乡（镇）场设一名负责人，各村选定1～2名收购信息员，建立了“企业+供销集团+基层党组织+农村经济人+农户”的利益联结和产业发展模式，取消了牛羊收购的中间环节，解决了农牧民与公司的信息不畅通问题，有效促进了公司的活畜收购和农牧民脱贫致富进程。

2019年5月，作为新疆最大的金融机构和最大的肉食品加工企业，新疆维吾尔自治区农村信用社联社与新疆福润德投资集团有限公司签订了战略合作协议，首期授信金额5亿元，为公司农投板块释放产能工作提供了可靠的资金保障。

多年来，公司以“公司+专业合作社+基地+农户”的订单农牧业经营模式，跟当地畜牧养殖大户、农牧业合作社及项目经纪人诚挚合作，采取合同联结方式和合作联结方式签订长期收购协议，与16家农牧业合作社及200多家养殖大户和畜牧经纪人签约收购牛羊活畜。截至2018年采用合同联结方式带动农户784家，参股自建合作社14家，签约合作社18家，带动5 000余家养殖户，户均增收约1.5万元。2019年为和田地区于田县安置转移就业务工人员176人。

在“互联网+”时代，福润德农业从“空间、时间、成本、安全、个性化”五个角度全面改变农产品消费市场，增强农产品消费者的客户体验和客户黏性。产品以O2O模式进行销售，线上与顺丰优选、天猫、京东、苏宁易购等知名电商合作，线下销往疆内各地及北京、上海、广州、长沙、重庆等城市，建立了航空、铁路、公路一体化的冷链物流。

2019年11月伊犁福润德公司荣获农业产业化国家级重点龙头企业称号，新源、巩留、特克斯、福海的四个子公司成为自治区级扶贫龙头企业。

（四）新疆众鑫齐农牧业专业合作社联合社

新疆众鑫齐农牧业专业合作社联合社的前身为新疆老龙河牛羊育肥农民专业合作社，1994年创始人周成全从最初购买10只羊育肥开始，依靠自身努力和对国家、自治区惠农政策的学习与理解，于2009年5月牵头兄弟三人注册登记成立了新疆老龙河牛羊育肥农民专业合作社，自合作社成立以来，周成全不仅关注合作社社员生产、注重合作社经济发展，同时也积极与科研院所和大专院校联合开展示范推广工作，不断提升合作社肉羊养殖的科技含量。随着合作社的发展，新疆老龙河牛羊育肥农民专业合作社在乌鲁木齐市米东区羊毛工镇也产生了较大的社会影响力，成为当地肉类及肉食品市场的主要经济体之一。为了进一步拓展合作社业务、带动更多农牧民受益，2014年8月在合作社的基础上，注册资金800万元，成立了新疆众鑫齐农牧业专业合作社联合社。作为乌鲁木齐市米东区成立的第一家联合社，该社制订了“自愿结合、自主经营、自选项目、自筹资金、自负盈亏、自选领导人”的发展原则，按照农户“圈舍标准统一、品种饲养方法统一、疾病防控统一、产品销售统一”的生产管理方式，实施龙头企业“合作社+基地+农户”等多种经营形式的牛羊产业化生产，全力打造“众鑫齐”品牌，助力农民致富增收。

联社业务涵盖为合作社提供畜禽养殖生产资料，提供产品销售、加工、运输、贮藏及与生产经营有关的技术、信息等服务，逐步实现畜禽产品产加销一体化的全产业链发展。联合社已建成857亩规范化、规模化、集约化的养殖基地，拥有圈舍27栋、围栏3 000米、污水处理厂3 000米^2、饲料加工棚1 000米^2、冷库1 000米^2。目前该社由3个合作社、2家公司和1个协会构成。其中彦龙田野畜禽养殖专业合作社成立于2009年，主要以肉羊育肥生产为主；保利惠农肉牛养殖合作社成立于2013年，主要以肉牛育肥为主；新疆众新友种植养殖农民专业成立于2016年，主要以饲草料种植为主，拥有本村土地354亩、流转外村土地1 600亩。祥润德农牧发展有限公司成立于2014年，主要以牛羊肉4～6分体分割和牛羊肉销售为主，并按客户分割肉需求，以订单的方式向疆外客户进行销售；2016年出于开展有机肥生产加工的目的，成立了龙和中心农牧科技有限公司，但因有机肥加工成本高、市场需求少等因素，公司目标未能如期实现，但仍在积极拓展思路、寻求解决方案；养殖防疫技术服务协会主要以为农牧民和社员提供多元化服务等方式开展生产、技能、政策等培训和信息服务，并帮助解决生产难题。联合社现有会员560余人，协会有会员60余人，会员多以本村养殖大户、种植大户为主。

2019年该社销售牛、羊肉11万余吨，主要供应乌鲁木齐市及周边地区，同时部分产品出疆销往山东、河北等省份。

2011—2018年，合作联社与30户重残户签订了帮扶协议，给每个残疾人提供5只代孕母羊；解决和田地区于田县贫困户转移就业人口30人。

联社负责人也是致富带头人的周成全认为，公开透明的联社管理方式是稳定和凝聚社员人心的重要手段与方法，合作经济组织的稳定发展，带头人必须要有一颗爱农业、知农业、爱农民、懂农民的心和带领农牧民脱贫增收的能力与责任。从单干到合作社再到合作联社，周成全先后获得优秀科技特派员、有突出贡献优秀专家、全国优秀农民工、乌鲁木齐市民族团结进步优秀共产党员等称号，2016年被评为新疆维吾尔自治区“扶贫帮困”十佳农技协，2017年被评为国家农民合作社示范社，2018年获自治区农业产业化重点龙头企业称号。

（五）福海县大尾羊有限责任公司

福海县大尾羊有限责任公司成立于2006年，是一家集牛羊养殖与育肥、定点屠宰、肉食品加工、活畜交易、进出口贸易、饲料加工与销售为一体的自治区级农业产业化重点龙头企业，公司主要由福海县阔乡众康养殖农民专业合作社、屠宰厂和金圣康饲料厂三部分组成。该公司现有员工46人，解决当地就业36人，南疆输出劳务人员10人，月平均工资4 000元，帮扶贫困户6户。

养殖合作社总面积为29 700米^2，年出栏育肥牛3 000头，出栏羊10 000只，是阿勒泰地区“四良一规范”的示范养殖场之一，养殖合作社带动当地种植户20户，饲草料种植面积1 700亩，为部分贫困农牧户在信用社担保贷款70万元，目前养殖场引进湖羊400只，做湖羊杂交改良工作，希望能提高本地羊的多胎率及改良阿勒泰大尾羊的尾部油脂过多的劣势；屠宰厂总投资1 300余万元，总面积为59 940米^2，年屠宰规模可达10万头（只），公司注册有“大尾乌伦古”商标产品，于2016年获得新疆农业名牌产品，销往疆内各地州市以及河南、河北、安徽、北京、上海等十多个省（直辖市）；金圣康饲料厂2016年6月动工建设，总投资1 800万元，11月正式投入生产，年设计生产加工能力90 000吨，2019年总产值2 500多万。

公司实行“公司+合作社+基地+养殖户”和“种养加一体化、一二三产融合发展”的全产业链生产模式和现代农牧业产业发展体系。其管理与运营具有典型的家庭企业模式，法人、厂长等主要管理人员以家族成员为主，兼聘用专业技术人员进行生产上的管理工作。其优势是家庭关系和睦，企业法人为家中老大占股50%，具有绝对权威性，可决定企业运作方向，其他兄弟及孩子们各分管饲料、养殖、屠宰、市场、办公室等业务，每月有固定工资，年底再进行利润按股份统筹分配，因此企业就发展方向、利润分配等方面无主要矛盾，充分发挥了个人所长、协同合作的运营管理特点。

（六）伊宁县伊新牛羊养殖农民专业合作社

伊宁县伊新牛羊养殖农民专业合作社位于伊宁县境内，拥有2万亩天然草场养殖基地，年存栏羊10万只、牛8 000头，形成了“新疆托乎拉苏牧业有限公司+合作社+养殖户+基地”的运作模式，在自有草原基地进行自繁自育的同时，还与周边数百位牧民合作开展绿色养殖，实行统一饲养、标准化、科学化管理，注重优良品种改良工作，坚持经济效益和社会效益相结合的原则，秉承“只要有力气，就能够致富”的理念，积极引导和带动周边广大农牧户致富，结合当地可用资源现状，为贫困户调配饲喂配方，既降低了贫困户购买饲草料成本，也使当地资源得到了充分利用。达到出栏标准的牛羊按照行业标准分割加工成排酸冷冻牛羊肉制品、高档西餐牛排系列产品等进行销售。生产的“西牧源”品牌牛羊肉制品在疆内外享有较好口碑，产品远销全国各地的农贸、超市及餐饮连锁店，并在伊宁市、乌鲁木齐、兰州、西安、成都、上海、南京等地设有直销门市部。

从周边育肥合作社、托牛所、牛羊养殖合作社等4家合作社的走访情况来看，他们多数都以家庭成员、亲朋好友为社员，合作社运作还不是很规范，缺少实际意义上的合作，有些合作社也因社员之间缺乏足够的信任度而处于分散养殖和独自经营的状况。

二、国内经营主体经验借鉴

（一）2019年中国农业500强企业经验

温氏食品集团股份有限公司

温氏食品集团股份有限公司创立于1983年，现已发展成一家以畜禽养殖为主业、配套相关业务的跨地区现代农牧企业集团。2015年11

月2日，温氏股份在深交所挂牌上市，2019年在中国500强企业排名155位。公司董事长温志芬，1993年毕业于华南农业大学（以下简称华农）畜牧系畜牧专业，毕业后留校。华农以技术入股的方式与温氏全面开展技术合作，温志芬代表华农畜牧系派驻温氏集团工作，该合作模式开创了国内农业企业与高校“产、学、研”相结合的样本。

本着“共创共享”“先创后享”的理念，深入推进了传统养殖业的转型升级，从养殖端向食品端转型，以“掌握渠道，直配终端”为目标，打造从农场到餐桌全产业链；运用信息化技术，把“互联网+”逐步打造成了温氏新的核心竞争优势，已在京东商城推出了温氏常温奶；创立“温氏生态圈”概念——消费者、客户、经销商、投资者、合作家庭农场主都是生态圈的一部分，目标是实现最大的效率协同，让所有合作伙伴最大程度受益。截至2018年12月31日，温氏股份已在全国20多个省（自治区、直辖市）拥有270多家控股公司、5万户合作家庭农场。2018年温氏股份上市肉猪2 229.7万头、肉鸡7.48亿只，实现营业收入572.36亿元。

温氏集团对“公司+农户”的发展模式进行了优化和提升，进入了“公司+家庭农场”“公司+养殖小区+农户”等现代产业化发展模式。以产业发展为引擎、人才培育为先导、闭环产业链为基础、风险防御机制为后盾，集团在全国20多个省（自治区、直辖市）设立270多家公司，2018年上市肉鸡7.48亿只，肉猪2 229.7万头，带动合作农户达5万多户，带动农户增收81.47亿元，户均15.49万元，让农户真正成了新型职业农民、家庭农场主。2010年10月实施了“养殖户效率效益倍增计划”，向合作农户提供巨额无息垫资款，合作农户总收入从2011年的31亿元增长到2018年的81.47亿元，让农民实实在在从企业得到了实惠。

集团设有温氏佳味、佳润食品、温氏投资、温氏大华农、南牧机械等5个分公司，构建了“金融投资-农牧设备制造-生物制药-畜禽繁育-畜禽养殖-食品加工-生鲜营销”的产业链模式。金融投资业务涵盖股权投资、证券投资、金融资产投资、发起设立股权投资基金/产业投资基金以及固定收益类理财等，形成了一级、一级半、二级市场联动的完整产业链发展模式；农牧设备业务整合全球畜牧设备资源，探索适合国内本土化的工厂化猪场建设方案，为客户提供养殖场规划设计、土建工程、设备制造与采购、物联网环境控制、环保处理、养殖服务等；生物制药业务包括兽用生物制品、兽用药物制剂和饲料添加剂三大业务，拥有四个具备国际先进技术水平的生产基地——广东省肇庆国家高新区、云浮市新兴县温氏科技园、新兴县新成工业园、佛山三水区，近40条通过农业部验收的GMP生产线，以及年产120万枚SPF种蛋的实验动物中心；畜禽繁育业务包含鸡、猪、鸭、鹅、鸽等品种繁育，建立了完善的育种技术体系和丰富的品种素材库，拥有多个自主选育的猪禽品种；畜禽养殖业务以养猪、养鸡为主，养牛、养鸭、养鸽等为辅，主要采用“公司+家庭农场”模式，实行产业链全程管理的一条龙生产经营模式，2018年上市肉鸡7.48亿只、肉猪2 229.7万头、肉鸭3 133万只、奶牛存栏量2万多头；食品加工业务包含畜禽屠宰深加工和乳品加工，沿用传统的制作工艺，引进具有国际先进水平的生产线，把传统的美味与现代化的生产相结合，形成了“规范生产、冷链运输、冷链销售”的现代化生产物流配送模式，2018年肉鸡屠宰产能2.24亿只，日供港冰鲜鸡及熟鸡约5万只，占香港市场份额的30%，销售原奶7.55万吨，成品奶1.69万吨；生鲜营销业务以温氏股份旗下的生鲜肉类食品及其加工制品为主，包括鸡、猪、鸭、鸽、奶、蛋、熟食鸡、腊味等系列产品。以

“提供‘从农场到餐桌’全程监管、无缝对接的食品”为核心价值，以“温氏食品，自然好品质”为品牌理念，建立了“畜禽养殖－屠宰加工－中央仓储－物流配送－连锁门店”的食品连锁经营模式，打造了“中国生鲜食品连锁领航者”的品牌，截至2018年年底，有生鲜门店135家、鲜品批零中心60家。

（二）农业农村部2019年第一批全国家庭农场典型案例分享

2019年10月，农业农村部公布了26家第一批全国家庭农场典型案例，其中种植类9家，主要分布在安徽、辽宁、山东、河北、河南、天津、吉林等省市。养殖类3家，为甘肃辉旭蛋鸡养殖、四川鸿发生猪养殖和贵州玉龙生猪养殖。种养结合类14家，其中上海李春风以生猪养殖和稻米种植为主；四川稻香坛以“稻虾共作”模式为主；重庆洪家大院“葡萄、桃子、草莓等水果种植＋鸡、鸭、鱼等养殖＋休闲农业＋线上电商”的农旅商一体化经营模式；重庆昌元以水稻田里养殖鱼鳅、鳝、虾的“稻＋N”种养模式；陕西四娃圆梦水稻、玉米种植和白山羊、鸡养殖；吉林绿野家源以种植为主兼顾肉鹅、鸭、鸡禽类养殖和渔业；山西全胜为核桃套种玉米、柴胡＋波尔山羊养殖；广东禾莱园为水稻种植与鸭子养殖；湖南浏阳市孔蒲中为“稻田养鳖”“稻虾”“稻鳖鱼”“稻鳖鱼螺”等生态种养模式；江苏如花则以林果种植和家禽养殖为主要模式。

从养殖和种养结合模式来看，大多数集中于猪、禽和蟹虾等水产养殖，个别养殖一定数量的山羊。

1. 甘肃天水市麦积区辉旭养殖家庭农场

辉旭养殖家庭农场位于甘肃省天水市麦积区伯阳镇兴仁村，成立于

2014年2月，主要从事蛋鸡养殖和育雏。农场由张旭斌夫妻二人和父亲共同管理，并从本村雇了两名女工。截至2019年5月底，辉旭养殖家庭农场累计投资近80万元，存栏蛋鸡1.8万只，其中普通蛋鸡1.5万只，特色蛋鸡0.3万只，有标准化养殖圈舍5栋，共1 900米^2，另有育雏室两间、冷库一间、饲料加工车间一处，已注册“嘹呱呱”富硒土鸡蛋商标，年盈利20多万元。立足当地市场、坚持适度规模、积极发展特色养殖是取得较好经营效益的基础。从管理运营来看，辉旭养殖家庭农场一是农场主具有一定的经验、技术、管理和营销能力。正是农场主张旭斌养殖特色蛋鸡、走品牌化销售之路，加上其父亲基于养殖经验对2017年鸡蛋市场价格走势的预判，到2018年年底辉旭养殖家庭农场弥补了2017年亏损的10多万元，还赚了20多万元，不仅避免了因遭受重大损失而破产的险情，还保证了盈利水平的持续提高。二是农场规模不宜过大。过大的规模意味着过高的风险。家庭农场主发展资金有限，获取贷款难度较大。若过于追求规模而盲目投入全部资金，一旦遭遇风险而亏损，短期内很难东山再起。很多养殖户因规模过大，在蛋鸡价格不断下滑时，无法承受巨额亏损而被迫退出规模养殖行业。这就是为什么辉旭养殖家庭农场把蛋鸡规模控制在2万只左右的主要原因。三是注重资源整合和自身能力提升。辉旭养殖家庭农场有效整合了家人的技术经验、邻居的承包地、城区的生鲜超市渠道以及美团网的社区配送网络等，有效把家庭、社区和社会的各种资源整合为己所用。在注重服务当地、争取当地城乡消费者认可的同时，积极参加培训，主动浏览专业网站，学习专业养殖技术和营销技术，不仅育雏成活率达到95%以上，比其他育雏户高出5%以上，同时还形成了“特色蛋+普通蛋”的高低搭配经营布局。四是回馈社会，带动周边农户发展。常年聘用本村2人在农场拣蛋、打防疫针，常年收购周边农户的玉米麸皮作为饲料原料，做到本地原料、本地生产、本地销售，在增加了就业岗位的同时也拓宽了增收渠道；还积极为当地和周边养殖户提供低于市场价格的饲料、育雏等服务。同时对本村有需要鸡粪作为有机肥的农户，辉旭养殖家庭农场不仅免费送其鸡粪，还直接用农场的车辆把鸡粪运送到果园或菜地，做到鸡粪的绿色化利用，基本消除了规模化蛋鸡养殖对生态环境的不利影响。

2.贵州凯里市玉龙养殖家庭农场

玉龙养殖家庭农场位于贵州省凯里市经济开发区下司镇铜鼓村翁达地段，距凯里市20余千米，沪昆高速沿镇而过，交通便利，区位优势明显。农场主杨胜潮，曾在浙江打工，2014年返乡创业，借助政府产业扶贫政策，开始与温氏集团以“公司+家庭农场”的经营模式合作，从事生猪养殖。2015年1月成立了玉龙养殖家庭农场。农场一是严格按照合同约定生产，养殖过程中，严格按照公司要求进行防疫、消毒及粪便处理。待猪出栏时，公司统一按保底价收购后销售。这种模式解除了杨胜潮夫妇生猪市场销售的后顾之忧，能把主要精力用在生猪养殖上，发挥了农场生产优势。这种模式还消除了农场养殖技术问题，由公司统一培训、发药、防疫，标准化流程生产，保证了生猪养殖质量。正是因为有技术和销售保障，农场生产经营风险降低，收入有保，坚持家庭经营、适度规模、依靠公司、发挥优势，实现了规模增收，创业致富。二是控制适度规模，保障家庭收入。玉龙养殖家庭农场2018年饲养量1 500头，分两批出栏，现有750头。根据杨胜潮测算，1 600头，最多1 700头是家庭农场中2人管理的上限，如果超出这一规模则需要雇工管理。在雇工难、费用高的情况下，仅雇工搬运饲料就需要支付100元

/天的人工费。如果农场雇工，收入会减少，且不能保证雇工工人的生产能符合温氏公司的生产规定。尽管玉龙养殖家庭农场打算下一步适当扩大养殖规模，但仅是将存栏量增加到850头，年饲养量达到1 700头，平均年出栏1 600头，这样可以保证依然是夫妻二人管理，虽然会比较累，但年收入可以突破30万元，家里收入更有保障。

3. 上海松江区李春风家庭农场

李春风家庭农场位于上海市松江区泖港镇腰泾村，创办于2008年，现有经营面积430亩，是集品牌稻米绿色生产、生猪饲养和现代农机服务“三位一体”的集约型家庭农场。2011年，李春风探索“种粮+养猪”相结合的经营模式，通过养猪粪尿的还田利用，发展种养结合生态循环家庭农场，同时还在种植绿肥、深翻上下功夫。每年秋收后，按照二麦、绿肥、深翻各1/3的茬口布局轮作，从而保障在休耕能力有限的情况下，深翻晒垡、休养土地。从2015年开始，李春风率先取消了二麦种植，冬闲时节全部用来种绿肥或深翻，“冬闲”并不闲。除了红花草，他还尝试种小青菜、油菜、蚕豆等。种绿肥的门道有很多，不同的品种对土壤改良的收效不一样，水稻收割期不同，绿肥的长势也不同，李春风通过实践探索，不断寻找提升土壤质量的诀窍。2013年，李春风出资配置了4台拖拉机、1台收割机、1台精量穴直播机、1台植保机，成为机农一体型农场，与本村其他4户家庭农场主建立起了农机服务互助协作关系，形成了农机互助小组，为本村1 500亩土地提供农机服务，提高了农场自有农机使用率，还能为农场带来5万元左右的净收入。2015年，他创办的上海万群粮食专业合作社，入选为“松江大米”品牌指定销售点，不仅经营自家种植的优质大米，还与松江本地农业龙头企业签约，以高于稻谷市场收购价15%的价格销售优质稻谷。2016年，注册

"李春风"牌大米商标。2018年告别了把稻谷卖给粮管所的时代，率先实现了"卖稻谷"向"卖大米"的转型。李春风家庭农场秉承的规模化经营、种养结合、大力发展循环农业、延伸产业链条、打造品牌产品、开展社会化服务进行节本创收的理念取得了显著成效。

4.重庆涪陵区洪家大院家庭农场

重庆涪陵区洪家大院家庭农场地处涪陵城区东北部清溪镇建设村4组，沿长江南岸，距重庆市主城区仅12千米，是依山傍水、风景秀丽、资源丰富、交通便捷之地。目前，农场面积45余亩，其中设施栽培面积25亩，主要种植葡萄、桃子、草莓等水果，打造了"四季果园"，并养殖鸡、鸭、鱼等，形成了"种植养殖+休闲农业+线上电商"的农旅商一体化经营模式。2014年11月，洪万丰向周边12户农户流转了地界相邻、易于连片经营的40余亩土地。凭借熟悉农机驾驶的特长，在农户允许的前提下，他投资20多万元对租赁土地进行了平整，修建了几千米长的砂石机耕道。根据当地气候特点，农场在主打葡萄种植的同时，因地制宜种植各类水果。专程前往江苏、浙江等地考察学习，先后引进了夏黑、醉金香、阳光玫瑰、黑巴拉多、蜜莉等深受老百姓喜爱的葡萄品种，以及水蜜桃、黄桃、无花果、草莓、车厘子、黄蜜樱桃、枇杷、脆冠梨、布朗李、台湾果桑、汤包橘等多种水果，通过试验种植，逐步实现了"四季有果摘，四季有客来"。依托四季果园基地，开发乡村游玩项目，将自家住宅改造为民宿接待点，还设置儿童滑梯、KTV、棋牌室等休闲场所，丰富游客的旅游体验内容。在自己办农场增收的同时，洪万丰还领办了"涪陵区万丰果蔬专业合作社"，联合村内其他农户一起团购生产资料，申请农产品品牌认定。目前，洪家大院在当地已经小有名气，不仅将许多游客引来农场采摘、休闲，也带动周边农户把当地的蔬菜、鸡鸭等土特产品销售出去。2018年，约有20户农户受益，销售土特产品6万余元。农场还积极响应政府号召，雇请贫困户到农场务工。目前，已经为15个建档立卡贫困户提供了季节性就业岗位，劳均年收入3 000余元。在运营管理上，充分发挥了家庭成员的不同才能，农场主洪万丰统筹农场事务，并负责农机操作、营销配送；妻子管好后勤，带着邻里乡亲完成田间管理；女儿和女婿则负责农场的整体规划和外部宣传。一家人科学分工，提高了农场生产管理效率。

从四个案例可以看出，因地制宜、适度规模养殖和标准化生产是基础，规范合理的经营管理是前提，准确的目标市场定位是关键。

（三）部分省市牧业经营主体经验分享

1.青海省

青海省门源回族自治县位于青藏高原的东北边缘，总面积6 902.26千米^2，海拔2 388～5 254米，县政府浩门镇海拔2 861米。属高原大陆性气候，具有春季多雪多风、夏季凉爽多雨、秋季温和短暂、冬季寒冷漫长的特点。全年日照时数2 264.8～2 739.8小时，年平均气温0.8℃，年平均降水520毫米，年蒸发量100毫米。境内各类草场面积686.4万亩，其中可利用草场583万亩，存栏各类牲畜56万头（只），是青海省重要的商品油料基地、藏区青稞良种繁育基地、牛羊育肥贩运基地。两千多年的畜牧业发展历史，培育了浩门马、白牦牛、褐色羊等优良畜种。

永旺绿色肉牛示范基地专业合作社：合作社成立于2013年4月，隶属于门源回族自治县永兴生态农牧业开发有限公司，公司包括永盛农牧机械专业合作社、永兴饲料加工厂和永旺绿色肉牛示范基地三大部分，是青海省农牧厅定点畜禽规模养殖场和农牧业产业化省级重点龙头企业，以及集畜牧、科研、改良、推广为一体的正规化畜牧养殖基地。

合作社本着“为客户创造价值，为自己创造未来”的理念，以“公司+合作社+农户”的经营模式，带动农户100余户，体现了民营企业灵活的管理优势，与当地农户建立了良好的合作经营模式。其中：模式一为养殖户自己养殖的牛羊以入股的方式参与合作社的养殖、屠宰及销售的生产流程，最终按所占牛羊销售比例获取分红收入，同时，农牧户还可以通过在养殖场就业来提高收入；模式二为签订收购合同，经过对农牧民养殖技术的培训和指导，提供养殖饲料及羔羊和犊牛进行统一管理，并经过严格的检疫程序回收成品牛羊，保证市场需求及农牧民的牛羊销售。

永盛农牧机械专业合作社是门源回族自治县种草养畜及产品加工技术集成与示范基地。合作社与农户签订收购协议，种植的牧草及啤酒大麦由永兴饲料加工厂以保护价收购，保障了基地农户的种植利益，调动了当地牧民的种植积极性，带动农户2 500户，种植优质牧草、啤酒大麦等创收可达2 500万元，通过基地建设实现了饲草料种植的规模化、机械化，在保障饲草料来源的基础上，减少了流转环节成本，扩大了经济增长点，同时保障了饲草原材料的绿色健康品质。

永兴饲料加工厂总投资2 800多万元，成立于2012年3月，拥有年生产能力10万吨的全自动电脑配料高档生产线一条，生产的“金花”牌配方饲料在长期的市场销售过程中不仅得到门源回族自治县广大农牧民的认可，同时也销往海南州、果洛州和玉树州等地。

依托“龙头公司+基地+合作社+农户”的经营模式，永兴生态农牧开发有限公司形成的“种植业+加工业+养殖业+销售市场”绿色循环产业链，不仅有效降低了原材料的周转成本，提高了生产效率，同时也增强了企业的抗风险能力。

麻莲草业有限公司：该公司成立于2015年1月，是一家以舍饲养殖、饲草种植、销售为一体的规模化、集约化、现代化饲草基地，形成了以“青饲草种植-草产品加工-牛羊育肥”为主的产业链，经营范围以饲草种植、加工、青贮、销售及畜牧生态养殖为主。2016年公司种植青饲草4 300亩，专业合作社、农户种植面积达8 000多亩。依托集约化种植项目，不仅能够保证当地舍饲养殖业对饲草的需求，也能带动周边农户的经济效益，可对县域饲草加工业和舍饲养殖业发展战略的实施起到重要的保障作用。

2016年公司争取到麻莲乡扶贫资金500万元，用于发展饲草产业，助推麻莲乡精准扶贫工作。一是每年按500万元扶贫资金的6%（即分红资金为30万元）给麻莲乡209户（贫困人口806人）建档立卡的贫困户进行分红，每户分红1 435元。二是与麻莲乡170户贫困户（贫困人口648人）签订了收购价为360元/吨的青饲草收购协议，鼓励引导贫困户种植饲草1 013亩，户均增收4 171元，人均增收1 094元。

2.内蒙古自治区

蒙羊牧业股份有限公司（简称蒙羊牧业）“羊联体”合作模式：内蒙古羊肉收购价格一直走低，但终端市场销售价格并没有明显变化。如何让养羊户在市场议价中有话语权以保证他们的利益和积极性，成为产业发展中亟须解决的问题。蒙羊牧业在破解这道难题中，探索出了一条“羊联体”合作模式新路。

“羊联体”合作模式是采用“基地+农户+公司+银行+担保公司+保险公司”的模式。一是为农牧民提供了担保和资金支持。二是通过推广“五个标准”“六个统一”为农牧民提供优质的种羊、养殖技术服务。三是解决了农牧民无稳定市场的问题。这种模式既稳定了企业的羊源，也为高品质羊肉产品的生产加工提供了完善的上游环节。而在“羊联体”模式实施过程中，蒙羊牧业与农牧户在自愿、平等、互利的前提下，在为消费者提供绿色、新鲜羊肉的同时，也能够通过“羊联体”模式、运营活畜交易中心等多种方式提高广大农牧民的收入。

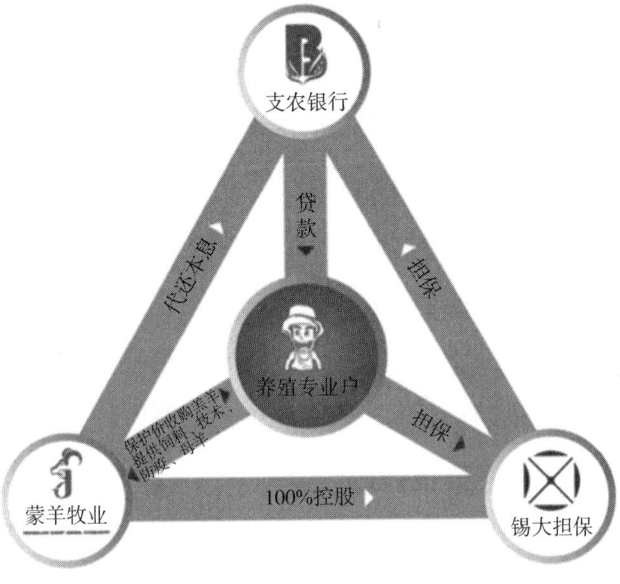

图7-1 蒙羊牧业“羊联体”合作模式

在“羊联体”模式下，养殖户可以通过合作育肥与放母收羔等多种模式与蒙羊牧业进行合作。在合作养殖模式中，蒙羊牧业会协助合作养殖户寻求支农银行购羊贷款并对其进行担保。合作户养殖肉羊达标后，蒙羊牧业会根据当年羊只收购市场价确定保证养殖户收益的“保护价”对肉羊进行收购。收购后本着当日屠宰、当日结算的原则，蒙羊牧业代合作户偿还购羊贷款本息并将利润返还合作户。在放母收羔模式中，蒙羊牧业将向合作户供应与贷款金额相符并达到合同标准的基础母羊及种公羊，合作户只需在3年内向蒙羊缴纳符合标准及数量的羔羊。完成交羔任务后，蒙羊牧业代合作户偿还银行贷款本息，投放母羊及任务外羔羊归合作户所有。

到目前为止，蒙羊牧业是内蒙古地区第一家为肉羊投保的企业，已为17家包含巴彦淖尔、鄂尔多斯、包头、呼和浩特市周边地区的肉羊养殖大户投保了肉羊养殖险。这一惠民举措不但为农牧民增收致富提供了全新的方法与借鉴，也从金融保险维度为农牧产业创新发展注入全新活力。与此同时，蒙羊牧业还在合作全程为养殖户提供配种、饲料、技术、防疫等服务，从多方面解决牧户的养殖难题，使养殖户在突发疫情或遇到自然灾害时也能保证生产生活，成为值得牧民信赖的“定海神针”。

同时，蒙羊牧业运用“互联网+”模式，通过运营活畜线上交易平台“六畜旺旺”，让供方和需方无缝对接，大大简化了几个中间交易环节，企业采购成本降低的同时让农牧民的收益得到了相应的增加，消费者的购买成本也会降低，可谓多方受益。蒙羊牧业把体系化的思维引入农牧产业的发展，让农牧民、企业和消费者共同合作，维护产业链的发展，把肉羊生态圈打造得更加稳固、安全、美好。

此外，蒙羊牧业用工业化的思维发展农牧产业，以工养牧，提升农牧民养殖环节的利润；以商活牧，用商业化的思维盘活农牧产业市场。通过以上方式来提升产业层次、提高产业运行效率、降低成本，使农牧民收入得以增加的同时，消费者也能吃到物美价廉的食品。

荣获2015年“全国劳动模范”称号的杭锦旗锡尼镇浩绕柴达木嘎

查牧民吉木斯，是蒙羊牧业创新“羊联体”模式中的一员。2013年吉木斯与蒙羊牧业签订了肉羊养殖合作合同。在蒙羊牧业的帮助下，她的基地规模达到了肉羊存栏10 000只、年出栏30 000只，有效解决了当地肉羊养殖技术难、销售难的问题，带动了当地农牧民增收致富。

巴彦淖尔市临河区图克镇牧户杜泉义与杭锦后旗牧户吴永东也是蒙羊牧业“羊联体”和肉羊养殖险的获益者。两位牧民都是“羊联体”的合作养殖户，分别由蒙羊牧业牵头，锡大担保公司担保贷款作为肉羊养殖的运转资金。资金的充足到位让两位养殖户免去后顾之忧，牧业年出栏优质肉羊量大大增长，不但可以通过养羊增收致富，更是保障了蒙羊牧业优质羊源的持续稳定供应。

第八章 新疆新型牧业经营主体发展的对策建议

新型牧业经营主体是顺应现代畜牧业发展和产业结构调整需求而生的一种跨产业、跨行业的新型合作与融合，“集约化、专业化、组织化、社会化、信息化”相结合是新型牧业经营体系的主要特征。

新型牧业经营主体既涵盖了为产前、产中和产后提供专业化、市场化服务的专业服务公司、专业服务队、农民经济人等，也包括了畜牧业各环节的生产经营组织。

在城镇化和工业化大背景下，农村劳动力流失严重，牧区传统经营主体分散、增值空间受限，从牧业经营体制来看，“谁来养畜”和“怎么养畜”是新型牧业经营体系建设最关键和最迫切的两个问题。从助力牧民增收来看，如何让农牧民在畜牧产业链中分享畜产品加工和销售等非牧产业链条的利润、从根本上改变养殖户在市场竞争中的弱势地位、依托新型牧业经营体助力农牧民脱贫增收是当前畜牧业发展中所急需解决的关键问题之一。畜牧业涉及面广、影响格局大，需要体系化设计，市场主导，从国家、地方政府、行业协会、养殖企业（养殖户）四级互动推动政策落实。畜牧生产组织方式必须跳出原来以县、乡为地域特征的竞争格局，必须放眼更大的市场，进行全国性甚至全球性的统筹规划。通过研究，我们在新型牧业经营体培育方面提出以下几点建议：

一、基于资源禀赋制定新型经营体发展规划，形成产业集群

新疆不同地区自然资源，特别是饲草料资源是新疆草原畜牧业生产发展的基础，其空间分布及其组合对新疆不同地区的区域畜牧业发展和畜产品生产有着多方面的影响，因各地区资源禀赋不同，经营体发展的条件和模式也就不同，准确理解区域内合作组织的运行基础和发展潜力，是科学制定区域新型牧业经营体发展规划的前提，打破区域限制，改进传统经营模式，构建共建共享信息服务平台，是产业集群和现代化水平提升的基础。可以考虑在经济相对发达和市场化程度较高的区域，布局发展以龙头企业为核心的多元化服务体系，在经济落后区域，强化以政府涉农部门主导的农业服务体系，努力连接外部市场，精心制定稳固和延长产业链拓展战略。

加速新疆传统畜牧业向现代畜牧业的转型，就需要通过产业结构的调整、区域产业的合理布局和科技含量的提高，来协调和优化生态保护与牧区经济增长之间的平衡关系；通过区域集聚形成有效的市场竞争，构建出专业化生产要素优化集聚洼地，使企业共享区域公共设施、市场环境和外部经济，降低信息交流和物流成本，形成区域集聚效应、规模效应、外部效应和区域竞争力，建立并完善区域间的跨区合作机制，进一步促进要素流动、引导产业的有序转移。

要因地制宜，以增强地方优势产业为目标，以现有经营能力强、带动效益好、发展潜力大的合作社为基础，立足现有资源禀赋以及养殖规模的

实际，在产业链前端借鉴“专业合作社＋联户经营组＋农牧户”的运作方式，推动畜牧业结构调整，着力壮大提升羔羊、犊牛育肥、饲草料加工、标准化养殖等产业，使优势产业成为新型牧业经营体发展的良好基础，使新型牧业经营体成为优势产业发展的龙头，从而扩大产业规模，提升产品质量，实现生产经营效益最大化。

二、创新管理模式，加强对有带动力的新型牧业经营体支持力度

在管理机制上，新疆地域辽阔，不同地区生产生活方式各有特色，区域畜牧业发展差距明显，现实条件也各不相同，各级政府及有关部门应该根据当地的现实条件和畜牧业发展特点，慎重选取合适的牧业经营主体作为主要主体，同时也要适当发展其他形式的经营主体作为补充。各级政府要不断优化服务手段，做到政府引导而不参与、扶持而不干预，通过政府采购为经营体引进技术和物资，形成支持合作社发展的合力，做到“成熟一个、发展一个、规范一个、提升一个”，从供给侧结构调整入手，试点开展牧业经营主体准入机制，确保资金、土地利用和经济体效益的最大化。

在扶持机制创新上，要加强农民合作社规范化建设，提高农民合作社发展的社会认知度，对合作社采取差别化扶持政策。国务院出台的《企业信息公示暂行条例》中对农民专业合作社信息公示提出了要求，国家工商行政管理总局对农民专业合作社的年报、异常经营名录公示进行了规定，标志着农民专业合作社年度报告制度的正式出台。

同时，也可以参考美国国家合作银行每年宣布一份全美合作社百强排名名单的做法，建立每年一次的全疆百强或五十强合作社排名，用以凸显这些合作社、企业在该年度的经济实力。建议把这一排名定为衡量全疆经营体发展状况的重要指标之一，并根据排名给予相应的项目或优惠政策等扶持。可以参考新疆旺源乳业、青海门源回族自治县合作社及内蒙古蒙羊股份有限公司的成功经验，进一步在组织管理和运行机制上进行探索和创新，制定出台适合于新疆南北疆不同区域的新型牧业经营体规章制度，明确新型牧业经营体的创办程序、组建规划、组织机构、内部制度、利润返还和成员的权利义务等内容，进一步规范经济组织内部运行行为；建立不同类型经营体考核指标体系，减少为项目或资金而合作以及经营管理不善的合作社数量。

在运输流通上，应根据家畜产品特点和畜牧业生产的风险，充分利用“鲜活农产品运输绿色通道政策”和“生鲜农产品流通环节税费减免政策”，一是在目录范围的鲜活农产品中增加冷鲜畜产品或分割肉产品的内容，二是在继续实行生鲜农产品流通环节税费减免政策的同时，加快制定对冷鲜畜产品和冷冻分割肉等流通环节的税费减免政策。

三、遵从市场规律，强化畜产品品牌意识

在标准化、规模化养殖方面，一方面是要注重饲养和饲喂管理的标准化，生产适合企业加工标准需求的畜源，保障养殖户活畜销售的收益；另一方面要做好市场监测预警分析，并根据市场和企业生产加工需求，确定适度养殖规模以降低养殖成本和风险。在品牌建设方面，一方

面是要通过引导和宣传，逐步增强“商标兴农，商标富农”的意识；另一方面，要根据产业特点，有效发挥新型牧业经营体的组织力量，积极申报注册商标，将那些最具显著优势的畜产品特性通过商标充分地利用和保护起来，充分认识商标在畜产品走入市场中的重要性，通过广大牧民的参与后形成规模，由新型牧业经营体来推介打入市场形成优势。同时加强政府对合作社产品广告、营销、专卖店设置等方面的投入或相关费用的减免，鼓励合作联社参加农产品交易会、展销会等活动，并予以适当赞助，以扩大产品知名度和影响力。

从标准制定来看，以驼乳粉为例，虽然地方标准“规定调制驼乳粉以生驼乳或其加工制品为原料，添加其他原料，添加或不添加食品添加剂和营养强化剂，经加工制成的乳固体含量不低于70%的粉状产品”。受利益驱使，一些生产商既不考虑生产、存储和运输等过程对原奶质量的影响，也不顾及奶源质量，开始抢夺奶源市场，导致原奶市场收购价格紊乱、原奶质量参差不齐，一些驼奶粉含量很低的产品出现在市场，对优质品牌产品造成较大冲击。福海县当地旺源集团收购奶价从2019年15元/千克，上涨到现在的40元/千克，外地奶贩甚至出到60～70元/千克进行收购，严重影响到该企业原奶收购数量及产品产量，对企业信誉及发展具有严重影响。对此福海县政府也采取了积极有效的措施以确保“旺源”品牌稳定发展。

新疆阿勒泰地区福海县借助福海区域资源与地域优势，大力推行农旅融合发展模式，同时顺应时代与市场，汇聚福海产业资源，布局全产业品牌化、市场化发展之路，规范了福海县区域公用品牌体系，以全新的形象体系与战略体系打造出“福源福海”的福海县区域公用品牌，并以“福源福海”区域公用品牌为引领，汇聚企业资源，推动农产业集群发展和多产业的产业闭环，打造强势品牌，为县域精品特色农畜产品品牌化奠定了坚实的基础。

四、强化契约精神，健全利益联结机制

目前新型牧业经营主体总体数量偏少、层次偏低。根据合作社运转中出现的问题，要及时制定或健全完善符合农牧民专业合作社要求的内部管理制度，保障其操作运行的规范化，处理好服务与盈利的关系，做到内部不乱、外部吸引力不减，风险共担、利益共享。通过积极引导合作社与企业等其他经济组织，合作社与合作社间的结对活动，寻求“以企带社、以社带社”的资金援助渠道，拓宽资金来源，增强发展动力。注重畜牧产业链各主体间的利益联结和沟通协调，制定有益于龙头企业发展的长效扶持政策，探索稳定产业链各经营体间的利益联结和风险共担机制，通过龙头企业的带动，引导并带动畜牧业的适度规模化、产业化、组织化和信息化发展。

企业也应进一步创新和完善农企利益联结机制，与合作组织、农牧民有效深入对接，采取订单合同、价格保护、股份合作、服务协作等紧密型利益联结机制，将加工销售环节的部分收益让利给农牧民，与农牧民形成利益共同体和责任共同体（图8-1）。

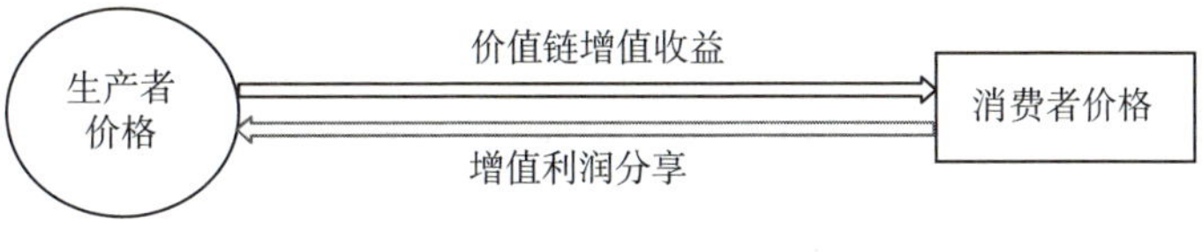

图8-1　产业链利润关系平衡图

五、完善社会化服务体系，拓宽农牧民增收渠道

农业社会化服务体系，是指与农业相关的经济组织为满足农业生产发展的需要，为直接从事农业生产的经营主体提供各种服务而构成的一个网络体系。它是运用社会各方面的力量，使各类农业生产经营单位适应市场经济的需要，克服自身规模狭小的弊病，获得专业化分工和集约化服务规模效益的一种社会化的农业经济组织形式。新型农业社会化服务体系是以公共服务机构为依托、合作经济组织为基础、龙头企业为骨干、其他社会力量为补充，公益性服务和经营性服务相结合、专项服务和综合服务相协调的，为农业生产提供产前、产中、产后全过程综合配套服务的体系。

建设覆盖全程、综合配套、便捷高效的新型社会化服务体系，是现代农牧业新型经营体发展的必然要求。有效完善的社会化服务体系是新型牧业经营主体培养和发展的技术支撑与服务保障，在充分利用现有各类推广服务机构的同时，积极探索整合或共享现有各类平台办法，构建集产业链中各行业、工商税务、交通运输、科技、金融保险、法律等专家、机构、组织等为一体的组合式社会化服务体系，搭建集产业政策、项目、市场等信息为一体的社会化服务共享平台，为新型牧业经营体发展提供信息、技术、业务及咨询等相关服务和支撑。

（1）在新型牧业经营主体培育上，不仅要在财政、税收、金融等方面扶持相关龙头企业的发展，也要积极培育中介组织，在加大对养殖户补贴力度的同时，更要注重对养殖户基础设施的投入，同时也要健全与现代畜牧业发展和新型牧业经营体培育相适应的社会化服务体系。加大

对新型社会化服务体系建设项目的投入。依托项目为新型牧业经营体培养人才、提升服务水平；开展经营体运用电子商务平台进行信息获取和网上交易的技术培训，发挥“互联网+”营销模式，利用网店、直播、团购等多种形式，开展网上宣传和交易活动。

（2）在部门协调机制上，从肉羊到羊肉的产业链中，包含了畜牧、商务、工商、质检、交通、物流等多部门的管理、监督，同时也包括了养殖户、合作社、企业、商家、消费者等多环节的利益相关者。因此制定合理的行政部门管理、流通和市场信息互通机制，研究制定涉牧企业、合作社在畜产品生产、流通中的能耗补贴标准，实现降低生产与管理成本、降低经营风险、优化资源配置、提高经济效益的目的（图8-2）。

（3）在风险保障机制上，一是要建立各项畜牧业风险基金。降低牧民经营风险。风险的适用范围和补偿方法可以包含以下三个方面的内容：一是疫情损失补贴。国家规定疫情一旦发生后，对牲畜实施扑杀，给予一定的补偿；专用于牲畜防疫的费用；优秀经营者给予较高的补贴，鼓励牧民提高经营水平。风险基金可由政府、企业、牧民三家合理承担。二是要健全畜牧业保险制度。要结合新疆畜牧业生产的区域特色和生产特性，研发保险新品种；加大宣传力度、简化审批程序，提高农牧民参保意识；开展自愿和强制相结合的、适用于不同经营方式的畜牧业保险业务；强化服务意识，做到科学查勘、快速理赔，改进和规范理赔、承保工作流程，以及保险条款；适当调整养殖业保险补贴比例和标准；参考国内外成功经验，创新发展养殖业互助合作保险。三是鼓励畜牧业担保公司的发展，提高畜牧业融资效率。自治区各级政府应积极推动多元化、多层次畜牧业贷款担保中心的建立，为畜牧业发展融资提供更多的机会和更大空间。

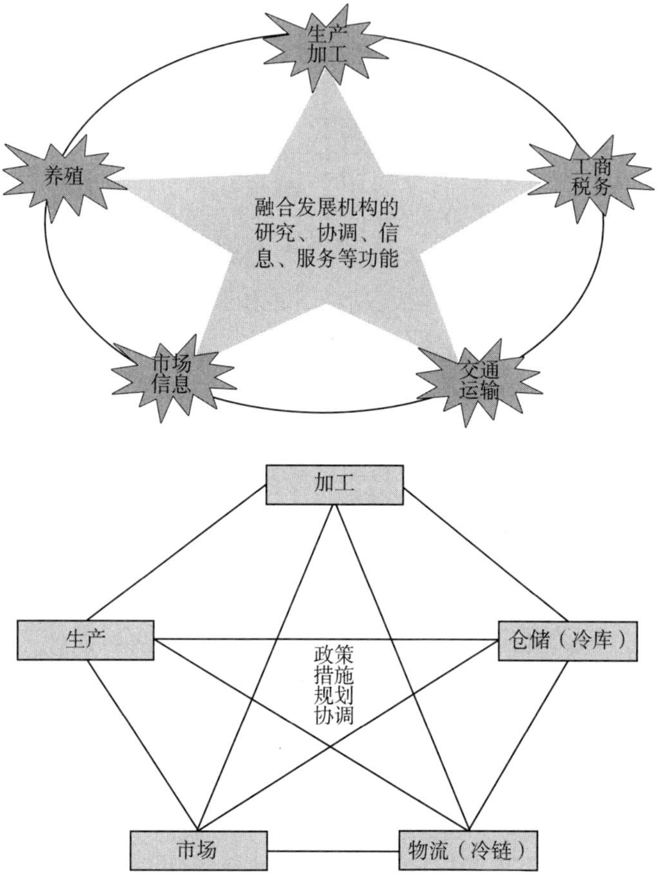

图8-2　纵横协调的全产业链社会化服务模式

（4）在科技投入和人才培养上，要加大对公益性科技成果转化的投入力度，加大新型职业农牧民培育力度。农牧民专业合作社健康稳定发展的“瓶颈”性问题是人才资源，因此，要以提升合作社人员素质为切入点，提升合作社发展层次。同时，更要加强对合作社发起人、建设带头人和普通成员的教育和培养，以提升合作社的发展潜力。要建立业务培训制度，通过不同层面、多种形式的培训，使他们熟悉合作社理论和政策知识，增强管理意识、发展意识、创新意识，提高工作水平，减少经营决策的局面性和片面性，更好地引导广大牧民参与并办好合作社。

（5）在金融扶持上，建立相关部门联合的经营主体综合信用评级制度，建立不同经营类型、不同规模经营体的信誉动态评价体系，加大对利润高、影响力大、带动效益强的合作社、龙头企业的支持力度，既可直接补助资金，也可通过支持开展培训活动增加对经营体的智力投资，还可根据畜牧业生产特性，为认定的、企业信誉和效益良好的企业研究制定灵活、多样的金融产品、贷款利率和服务方式，在保证企业利益的同时也保障养殖户的利益。探索研发以村镇银行、贷款公司和资金互助社三类农村金融机构为贷款供给方的新型农村金融机构服务模式，进一步拓宽畜牧业金融服务的广度和深度、延长产业链条、打造产业链服务模式。

（6）在政策导向上，畜牧业生产具有明显的季节性和周期性，因此在畜禽养殖和畜种选择上不仅要注重地方品种种质资源保护的公益性，更要注重畜种平衡对市场供需的影响。在涉及养殖生产和畜产品供需等政策措施的制定上，应尽量避免因缺什么就加大力度养什么而导致的市场供需失衡，无论是大畜换小畜还是小畜换大畜，或是经济畜种及特种畜禽的养殖，都需要考虑畜牧业生产的周期性、对市场供需平衡的影响性以及居民的饮食习惯，通过畜种平衡为畜产品市场供需平衡和稳定价格奠定基础。

总体而言，十八届三中全会已经传递了“让市场决定资源配置”的信号，因此，牧业经营体系的构建也必须明确政府和市场的分工、合作，要以市场为导向，尊重现代草食畜牧业的发展规律；需要针对新疆牧业经营体发展中的问题，在政策、资金、技术、服务等方面提供有力的制度保障，进一步完善社会化服务体系特别是牧业金融、牧业保险体系、基本草原划定、土地与草地制度多方面的政策支持和协调。

第九章　调研报告

一、新疆伊犁州直属县（市）现代畜牧业发展调研报告

根据新疆老科技工作者协会“促进新疆现代畜牧业发展问题研究”项目研究内容，由老科技协会副会长李寿山及课题组黄训芳、李捷、王惠等一行四人，在州科协和畜牧局的陪同下，于2016年8月4—8日开展了实地调研与走访工作。调研组一行分别走访了位于察布查尔县的新疆伊犁巴口香实业有限责任公司、尼勒克县苏布台乡套苏布台村的农牧民、位于新源县的新疆福润德农牧业发展有限公司、那拉提镇村委会以及伊宁县墩麻扎镇伊新牛羊养殖农民专业合作社，8号上午在州畜牧局与畜牧局领导、部分离退休和在职的领导、专家进行了座谈交流。通过实地走访和座谈交流，对伊犁州畜牧业经营体发展现状、牧区牧民脱贫增收情况的调研总结如下。

（一）发展现状

1.调研企业

（1）新疆伊犁巴口香实业有限责任公司　新疆伊犁巴口香实业有限责任公司始建于2003年，为民营股份制企业，主营业务包括农业种植、

畜牧养殖、农牧产品开发、牛羊肉加工销售及对外贸易等。设计屠宰精分割生产能力为牛15万头/年，羊100万只/年，日加工牛羊肉串150万串的生产线和9 000吨冷库。公司按照国际无公害畜产品“良好操作规范（GMO）”和“危害分析与关键点控制（HACCP）”作为养殖生产的标准和要求，向农牧民提供统一养殖技术，按照统一标准组织生产，并由公司统一收购，统一屠宰。生产的“巴口香”牌系列清真冷鲜、冷冻、精分割牛、羊、马肉，中高档西餐用肉、牛肉干及“叼羊”牌牛肉串等已占据疆内外诸多市场，部分产品也远销中亚各国。公司已建成包括农业种植、畜牧养殖、屠宰加工、精深加工和营销网络为一体的全产业链运营体系，并在成都、北京、上海、沈阳、深圳、武汉、江苏等7个城市设立了办事处。开办了“慕家”餐厅店中店，推出以自产牛肉为特色的餐饮连锁和自产系列品牌产品店中销售的商业化运营模式，在郑州设立了分仓中心，并以购买服务的方式解决了冷链物流配送问题。

公司在察布查尔县有3 600亩育肥牛羊基地，5万亩种植基地，2014年伊犁农业综合开发“察布查尔县13 800头优质肉牛标准化养殖育肥基地改扩建龙头企业带动产业发展”试点项目，确定察布查尔锡伯自治县堆依齐牛录乡堆依齐牛录村兴农养殖专业合作社作为新疆伊犁巴口香实业有限责任公司的持股单位，将扶持龙头企业的财政资金30%所形成的资产作为参与项目建设的农民专业合作社持有的股份，在项目投产运行后，由项目单位以固定、利润和保本等多种形式对农民专业合作社或农民进行分红，充分保障农民权益，在龙头企业和农民专业合作社之间建立“收益共享、风险共担”的紧密型利益联结机制。巴口香实业有限责任公司育肥养殖直接带动基地规模1.6万亩，间接带动基地规模10万亩，转化农产品1.25万吨，增加1 500个就业岗位，并且以市场经济的手段加强对农牧民养殖户的各项服务工作，使企业与农户，企业与肉牛购销组织之间，建立了一种长期稳定的合作关系，并以合同的形式，把产、加、销、服务各个环节有机地联合起来，形成龙头带基地，基地连农户的经营模式，逐步建成产销一体化的畜产品加工体系。

目前，公司在自治区和伊犁州的支持与关怀下，已成长为国家级农业产业化重点龙头企业，并先后获得伊犁州民营重点企业、伊犁州肉食品加工骨干企业、国家级重点扶贫龙头企业、税收上缴先进企业等荣誉称号和表彰。

（2）伊犁福润德农牧业发展有限公司　伊犁福润德农牧业发展有限公司是新疆福润德投资有限公司的全资子公司，注册资金3 000万元，位于新源县那拉提机场以东3千米处，于2012年7月开工建设，2014年8月25日建成并试生产，总投资2.5亿元。是集牛羊屠宰、加工、冷藏、销售为一体的畜牧产业基地。设计生产能力为屠宰加工羊100万只/年、牛（马）5万头/年，实际日生产能力1 200头/天，公司已取得中国商品条码证书、HACCP、ISO9001质量体系认证及QS证书，并获得入沪许可和对港、澳、台、国外出口的资质。产品以O2O模式进行销售，线上与顺丰优选、天猫、京东、苏宁易购等知名电商合作，线下销往疆内各地及北京、上海、广州、长沙、重庆等城市，建立了航空、铁路、公路一体化的冷链物流。

公司以“公司+合作社/养殖户+基地”的方式进行合同签约式订单收购活畜，带动周边牧民养殖积极性，同时带动饲草料种植、食品加工等相关产业发展，并在特克斯县、巩留县开发建设了规模化畜牧产业基地，直接创造就业岗位500多个。

2. 调研合作社

伊宁县伊新牛羊养殖农民专业合作社位于伊宁县境内，拥有2万亩天然草场养殖基地，年存栏羊10万只、牛8 000头。形成了“新疆托乎拉苏牧业有限公司+合作社+养殖户+基地”的运作模式，在自有草原基地进行自繁自育的同时，还与周边数百位牧民合作开展绿色养殖，实行统一饲养、标准化、科学化管理，注重优良品种改良工作，坚持经济效益和社会效益相结合的原则，秉承“只要有力气就能够致富”的理念，积极引导和带动周边广大农牧户致富，结合当地可用资源现状，为贫困户调配饲喂配方，既降低了贫困户购买饲草料成本，也使当地资源得到了充分利用。达到出栏标准的牛羊按照行业标准分割加工成排酸冷冻牛羊肉制品、高档西餐牛排系列产品等进行销售。生产的“西牧源”品牌牛羊肉制品在疆内外享有较好口碑，产品远销全国各地的农贸、超市及餐饮连锁店，并在伊宁市、乌鲁木齐、兰州、西安、成都、上海、南京等地设有直销门市部。

调研也走访了另外4个育肥合作社、托牛所、牛羊养殖合作社，他们多数都以家庭成员、亲朋好友为社员，合作社运作还不是很规范，缺少实际意义上的合作，有些合作社也因社员之间缺乏足够的信任度而处于分散养殖和独自经营的状况。

3. 农牧民调研

本次调研与15户农户进行了走访和座谈，从交流情况看，大多数牧民都能够在县、乡政府支持下开展农牧业生产活动，并通过新疆畜牧科学院获得养殖技术的支持和辅导，但从合作经营来看，也存在对合作社不了解、对合作社牵头人缺乏信任的现象。农牧民还提出了如因为乡、村交通条件、农牧业生产环境、资源、信息等因素限制，制约了村集体经济的发展，特别是在劳务输出和劳动力分流方面存在较大难度；村基础设施落后，养殖需要的药浴池、配种站条件差；基层技术人员少，冷配技术不强，成功率不高；农村防疫员没有完全纳入财政；饲草料补贴1.5元/亩，补贴标准太低等亟待解决的问题。

（二）存在的问题

1. 畜牧业生产能力难以满足企业生产加工需求

畜源短缺现象较为普遍，致使实际生产加工能力低于设计生产加工能力。福润德设计屠宰量为每天6 000头，但2016年实际每天平均仅屠宰1 000头。巴口香公司每年需要15万头不低于450千克、3岁以内的牛，以及100万只羊屠宰加工。尽管公司当前的活牛收购价格略高于当地市场价格，但伊犁地区仅能提供6万头符合国际卫生标准的牛，这与公司现有的屠宰、加工、销售能力仍有很大差距。为控制养殖成本，年均2万～3万的出栏牛中，仅8 000头为资产，其余均为收购牧民养殖的牛。

2. 畜牧业金融服务与保险体系薄弱，难以满足产业发展需要

畜牧业生产季节性特征明显，家畜存栏、出栏量和价格也受季节因素影响。大多企业也都需从养殖户或合作社购买活畜，但因贷款额度和放款时间以及申请程序等因素，使得企业或经纪人在大量需要现金的时候缺少流动资金，虽然有些地方采取了“企业+合作社+养殖户”的合作经营模式，但因缺乏利益共享、风险共担的机制和严格的契约履约精神，加之缺乏有效的畜牧业风险保障机制，导致合作关系处于松散状态，压价收购损伤养殖户利益、囤畜观望高价售出等现象也时有发生。缺乏金融和风险保障支撑的产业体系不仅难以抵抗市场风险，而且也难以在激烈的市场竞争中实现产业稳定、持续发展的需求。

3.畜牧业扶持补贴力度低，部分政策执行成本较高

虽然政府近年加大了对畜牧业的支持力度，财政投入增长也较快，同时多数政策要求地方财政配套资金，对于财政实力较弱的县难以全额配套到位，也进一步削弱了财政支持水平，畜牧业补贴措施划分到个人后，只有几十元，较少的数额对农牧民的积极性调动作用不明显。为了保证政府出台的相关政策的落实，县、乡政府和村组织需要进行详细部署，安排专人落实，如召开会议进行会议精神传达、转发各级政府制定的文件、制作宣传材料等，具体政策实施过程中还有大量的基础工作需要完成，如能繁母畜补贴政策的实施需要核实可获得补贴的能繁母畜数量、乡镇等基层单位负责良种精液的接收发放工作、草原奖补政策的实施也需要去核实草原面积、草原植被情况、牲畜数量等，以上诸多现实情况造成政策执行成本较高，同时基层工作人员数量有限，基层畜牧管理部门工作量较大而工作经费不足等现象也影响了政策实施的效果。

4.畜牧良种补贴数量不足，个别畜种补贴标准低

在牛、羊的良种补贴上只有符合一定标准存栏要求的养殖户购买良种种公畜时才有机会获得补助，改良良种牛补贴也必须达到存栏数20头以上，低于20头的改良牛养殖户也没有机会获得补贴。从补贴标准上看，种公羊补贴政策自实施以来补贴标准一直是800元/只，该标准远低于现在优质种公羊的市场价格（4 500～6 000元/只），种公羊补贴政策不仅补贴数量少，而且补贴标准低，因而对广大农牧民而言带动作用不明显。

5.畜牧业经营主体管理者的整体素质亟待提高

在调研中无论是到龙头企业、合作社还是养殖户，都强烈意识到人才的短缺，急需企业、合作社的管理人才、专业互联网+的人才和市场销售的人才，认为现在的养殖技术培训缺乏实际操作效果，管理人员非常想在信息技术、电商平台、管理水平上能有一个实用的培训。

（三）对策建议

1.选好、选准龙头企业进行扶持

建议每个县根据本县特点和实际，选准1～2个龙头企业进行扶持。龙头企业具有很强的带动性，帮助龙头企业就是帮助广大农牧户。畜牧业要产业化，必须要降低交易成本，总成本低才能有竞争力。目前新疆畜牧产业规模小，各产业交易成本高，种植饲草料的将饲草料卖给企业，有交易成本，企业育肥后卖给市场、餐厅有交易成本，市场、餐厅卖给消费者有交易成本，整个产业链有若干个交易成本，总成本太高。只有龙头企业将全产业链做大做强了，这些交易成本才能降到最低，才能有竞争力。每个领域应该培育出1～2个龙头企业，把火力集中起来做大做强，只要做大了，肯定能带动周边的农牧户。

2.对畜牧产业要有长效的产业支持政策

畜牧业生产具有很强的季节性，而且周期长、风险大。因此涉牧企业在融资方面更加需要相关的政策扶持。目前企业资金流动中最大的问题之一就是贷款放款时间和额度的问题。由于畜牧业生产的季节性，可以考虑进一步扩展畜产品政策支持力度。例如，羊胴体被视为鲜活农产品走绿色通道，但分割后的冷鲜肉则不属于鲜活农产品，不能走绿色通道；而包装后的冻鱼却可以属于鲜活农产品，享受绿色通道优惠。因此也建议有关部门能够根据家畜产品特点和畜牧业生产的风险，充分利用“鲜活农产品运输绿色通道政策”和“生鲜农产品流通环节税费减免政策”，一是在目录范围的鲜活农产品中增加冷鲜畜产品或分割肉产品的内容，二是在继续实行生鲜农产品流通环节税费减免政策的同时，加快制定对冷鲜畜产品和冷冻分割肉等流通环节的税费减免政策。像巴口香、福润德这样的龙头企业，经过多年经营积累和市场拓展，已经具备了较快发展的能力，开发了自己的产品和品牌，获得了国内外大额牛羊肉订单，同时储备了后续配套发展项目，但由于畜牧业产业链长，周转慢，投资额大，防疫检疫复杂，仅靠公司自身财力很难完成，至少要有几年期的低息贷款支持。

3. 畜牧业产业的各项技能培训要落在实处

面对目前畜牧产业基层畜牧技术人员整体素质不高、畜牧业经营主体管理人才急缺、畜牧养殖技术培训可操作性不强等问题，建议一是增加对基层畜牧技术人员队伍建设的投入，提高现有技术人员的综合业务能力；二是建议加强对农牧户实用养殖技术的培训力度，如优良品种的选育、疫病防治、饲草料制作和使用、营养配比、圈舍修建等实用养殖技术的培训，逐步帮助农牧户实现标准化生产方式；三是建议在新疆大学等高等院校开办畜牧业经营主体管理人员高级培训班，系统全面的分期分批培养一批畜牧业经营管理人才。

二、哈密市促进现代畜牧业发展调研报告

结合新疆新型牧业经营主体发展政策研究课题以及新疆老科技工作者协会“促进新疆现代畜牧业发展问题研究”项目任务，由老科技工作者协会张国梁会长、李寿山副会长，新疆畜牧科学院畜牧业经济与信息

研究所李捷所长和福建省农业科学院农业经济与科技信息研究所曾玉荣所长等一行6人组成的调研组于2016年7月20—23日就新疆哈密市伊吾县牧业经营体运行与牧民增收现状进行了调研。

调研组分别走访了喀尔里克牧业发展公司、伊吾县润康养殖专业合作社，并与县领导、相关部门负责人、企业、合作社、养殖户进行了座谈交流。现将本次调研情况总结如下。

（一）伊吾县基本情况

伊吾县隶属哈密市，位于新疆东北部，总面积19 519千米^2，是全疆22个牧业县之一。县辖4乡、3镇、2个牧民搬迁开发区、32个行政村，截至2015年年末，全县户籍人口23 455人，草场面积838.5万亩（可利用面积794万亩），人工草料基地7.42万亩，生产总值由2010年的10.95亿元增加到2015年的45亿元，年均增长33%；农牧民人均纯收入由5 770元增加到14 345元，年均增长20%，增长速度明显高于城镇居民收入。

（二）伊吾县畜牧业生产现状

牧民定居情况。全县有2个牧民异地搬迁定居点和6个就地定居点，已实现全部定居。

基础设施建设情况。全县现有棚圈1 656座，种羊场1个，扩繁场1个，示范户50户，青贮窖120座。

饲草料基地建设情况。截至2015年，人工饲草料地7.42万亩，占全县草地面积的1%（全县可利用草场面积为749万亩），其中退牧还草2.6万亩、农田水利建设3.5万亩、提升改扩建人工草料地6.1万亩。

天然草原保护情况。现全县41%的草场实施禁牧，59%的草场实施以草定畜、草畜平衡，最大限度的发挥草原生态功能。

合作社发展情况。全县有牧业合作社17家，入住牧户519户，占全县牧业户数的16%（全县牧户3 239户）。

畜禽繁育和品种改良情况。全县牛良种覆盖率达到45%，以西门塔尔牛、荷斯坦牛品种为主；引进种公羊392只，羊良种覆盖率达到75%以上，以哈萨克羊、巴什拜羊为主。利用扶贫资金及自筹资金购进多胎生产母羊杜泊羊20 610只。2015年完成胚胎移植15 000例，人工授精5 000例，冷胚3 000例，受胎率达50%～60%。

动物防疫体系建设情况。现已建立健全县、乡两级兽医行政管理、行政执法和技术支持工作体系，建立和完善了基层动物防疫站的基础设施建设和防疫网络体系建设。

政策执行情况。2016年，针对畜牧养殖业实施了生猪、家禽养殖、奶牛保险、品种改良、优质牧草种植、肉羊养殖以及基础设施建设、驴奶奶价、牧民购草补贴共9项补贴政策。

牧民收入情况。2015年，全县牧业人均收入5 598元，占农牧民人均总收入的36%。其中前山乡牧民人均收入最高为10 126元，依次是盐池镇8 515元、山南开发区6 281元、淖毛湖开发区5 960元、吐葫芦乡4 898元、下马崖乡4 602元、苇子峡乡3 129元和淖毛湖镇2 980元。不同地区收入差距较大。

（三）伊吾县牧业经营体发展特点与面临的问题

1. 牧业经营体发展特点

从调研和座谈了解到，目前伊吾县运行较好且有一定带动效应的企业主要是喀尔里克牧业发展有限公司，合作社则以北牧农牧民养殖合作社为主。企业通过合作社这一纽带与养殖户建立了良好的合作关系，并初步形成循环发展的模式。

在利益联结和合作方面，采取了“3+2”的管理和运营模式：“3”指针对社员的三种分配方式：一是对核心社员：农户自愿加入合作社，并签订协议，以牲畜、其他生产资料或现金形式入股农民专业合作社。社员本身作为合作社职工参与合作社内管理、生产等相关工作，由农户转化为产业工人，并领取工资。核心社员在享受活畜交易按股分红和市场产品销售二次分红的基础上，还享有入股资产的分红；二是对签约社员：没有资产入股，但自愿加入合作社，并签肉羊养殖协议。社员按合作社统一要求进行肉羊饲养，合作社优先收购社员饲养的家畜，社员也具有选择收购方的权利。销售肉羊给合作社的社员，年底可享受市场产品销售的二次分红；三是对贫困户社员：伊吾县扶贫办把盐池镇扶贫羊交给合作社统一管理饲养，贫困户与合作社签订协议，合作社按每只羊每年不等的金额向贫困户“分红”（连续分红5年）。此举不仅实现了政府项目扶贫资金的增值，而且使扶贫畜能够长期有效的在扶贫工作中产生效益。

“2”指成立的两种基金：一是产业发展互助基金。由股东成员喀尔里克公司一次性向农业银行注入贷款担保金300万元，银行按1∶10放大贷款额度，有效解决了合作社社员贷款额度不足和缺少贷款抵押与担保的难题，社员贷款额度可达20万元，在一定程度上缓解了畜牧产业季节性资金周转矛盾问题；二是社员生活应急基金。该基金由企业设立，主要用于社员家庭生活中孩子上学、突发疾病等家庭突发事件的急需经费，有效及时解决了社员的燃眉之急，增强了公司的向心力。

在循环经济和拓宽就业方面，利用牛羊粪肥进行大棚蘑菇种植，再把菌渣用于草场施肥。组建了巾帼打馕协会，形成了伊吾县盐池馕的品牌，拓宽了农牧民妇女就业渠道。

2.市场运行情况

总体来看，公司运行3年来为全县拓宽了羊肉市场，全县50%以上的羊肉基本都通过公司外销，通过援疆项目，与双汇超市达成合作，并在郑州建立了20多个超市；同时与北京巴依老爷集团合作，在集团餐饮店设立了店中店。现已承担自治区冻肉储备任务，目前拟计划申请创建活畜储备基地。

3.面临的问题

（1）企业周转资金缺乏　肉羊养殖具有其季节性特点。每年秋季肉羊出栏时需大量的收购资金进行周转。贷款难、周转资金不足几乎是所有合作社所面临的共同问题。

（2）政策补贴标准偏低　养殖业不同于种植业，是一个周期长、投资风险大的产业，农牧民和企业都要以经济效益为主要目标，但目前种植业、养殖业和林业补贴标准的差异，在很大程度上制约着养殖合作组织和畜牧业的发展。

（3）企业承担风险较大　合作社成立初期，抗风险能力相对较弱，而畜牧业生产又是一个极易受自然、社会、政策等风险影响的产业，为了保障企业的正常运行和效益，同时也为了合作联社这一模式的稳定、持续发展，企业不得不承担包括市场、还贷等资本投入的风险，增加了企业的风险负担。

（4）企业风险防范能力欠缺　受全国经济下行压力以及畜产品关税和保护政策等因素影响，政策性银行也降低了信用风险等级，降幅高达

30%，公司优质羊肉价格由2015年的130元/千克下跌到今年的30元/千克，企业资金链因市场而断裂，同时波及合作社的运行。

（四）促进伊吾县牧业经营体发展和牧民增收的建议

注重畜牧产业链各主体间的利益联结和沟通协调，制定有益于龙头企业发展的长效扶持政策，探索稳定产业链各经营体间的利益联结和风险共担机制，通过龙头企业的带动，引导并带动畜牧业的适度规模化、产业化、组织化和信息化发展。

三、青海省门源回族自治县畜牧业发展调研报告

结合新疆新型牧业经营主体发展政策研究课题任务，新疆畜牧科学院畜牧业经济与信息研究所李捷所长、王琼、合斯莱提·斯马依一行3人于2016年8月26—28日对青海省西宁市以及海北藏族自治州门源回族自治县畜牧业发展情况进行了调研。通过与青海省畜牧科学院、青海大学科研处等相关领导、专家的座谈交流，以及门源回族自治县永兴生态农牧开发有限公司、麻莲草业有限公司等经营体的实地走访，形成如下调研报告。

（一）门源回族自治县基本情况

青海省门源回族自治县位于青藏高原的东北边缘，总面积6 902.26千米^2，海拔2 388～5 254米，县政府浩门镇海拔2 861米。属高原大陆性气候，具有春季多雪多风、夏季凉爽多雨、秋季温和短暂、冬季寒冷

漫长的特点。全年日照时数2 264.8～2 739.8小时，年平均气温0.8℃，年平均降水520毫米，年蒸发量100毫米。境内各类草场面积686.4万亩，其中可利用草场583万亩，存栏各类牲畜56万头（只），是青海省重要的商品油料基地、藏区青稞良种繁育基地、牛羊育肥贩运基地。两千多年的畜牧业发展历史，培育了浩门马、白牦牛、褐色羊等优良畜种。

（二）支持合作社发展的典型做法

1.永旺绿色肉牛示范基地专业合作社

合作社成立于2013年4月，隶属于门源回族自治县永兴生态农牧业开发有限公司，公司包括永盛农牧机械专业合作社、永兴饲料加工厂和永旺绿色肉牛示范基地三大部分，是青海省农牧厅定点畜禽规模养殖场和农牧业产业化省级重点龙头企业，以及集畜牧、科研、改良、推广为一体的正规化畜牧养殖基地。

合作社本着“为客户创造价值，为自己创造未来”的理念，以“公司+合作社+农户”的经营模式，带动农户100余户，体现了民营企业灵活的管理优势，与当地农户建立了良好的合作经营模式。其中：

模式一为养殖户自己养殖的牛羊以入股的方式参与合作社的养殖、屠宰及销售的生产流程，最终按所占牛羊销售比例获取分红收入，同时，农牧户还可以通过在养殖场就业来提高收入。

模式二为签订收购合同，经过对农牧民养殖技术的培训和指导，提供养殖饲料及羔羊和犊牛进行统一管理，并经过严格的检疫程序回收成品牛羊，保证市场需求及农牧民的牛羊销售。

永盛农牧机械专业合作社是门源回族自治县种草养畜及产品加工

技术集成与示范基地。合作社与农户签订收购协议，种植的牧草及啤酒大麦由永兴饲料加工厂以保护价收购，保障了基地农户的种植利益，调动了当地牧民的种植积极性，带动农户2 500户，种植优质牧草、啤酒大麦等创收达2 500万元，通过基地建设实现了饲草料种植的规模化、机械化，在保障饲草料来源的基础上，减少了流转环节成本，扩大了经济增长点，同时保障了饲草原材料的绿色健康品质。

永兴饲料加工厂总投资2 800多万元，成立于2012年3月，拥有年生产能力10万吨的全自动电脑配料高档生产线一条，生产的“金花”牌配方饲料在长期的市场销售过程中不仅得到门源回族自治县广大农牧民的认可，同时也销往海南州、果洛州和玉树州等地。

依托“龙头公司+基地+合作社+农户”的经营模式，永兴生态农牧开发有限公司形成的“种植业+加工业+养殖业+销售市场”绿色循环产业链，不仅有效降低了原材料的周转成本，提高了生产效率，同时也增强了企业的抗风险能力。

2. 麻莲草业有限公司

该公司成立于2015年1月，是一家以舍饲养殖、饲草种植、销售为一体的规模化、集约化、现代化饲草基地，形成了以“青饲草种植–草产品加工–牛羊育肥”为主的产业链，经营范围以饲草种植、加工、青贮、销售及畜牧生态养殖为主。2016年公司种植青饲草4 300亩，专业合作社、农户种植面积达8 000多亩。依托集约化种植项目，不仅能够保证当地舍饲养殖业对饲草的需求，也能带动周边农户的经济效益，可对县域饲草加工业和舍饲养殖业发展战略的实施起到重要的保障作用。

2016年公司争取到麻莲乡扶贫资金500万元，用于发展饲草产业、助推麻莲乡精准扶贫工作。一是每年按500万元扶贫资金的6%（即分红资金为30万元）给麻莲乡209户（贫困人口806人）建档立卡的贫困户进行分红，每户分红1 435元。二是与麻莲乡170户贫困户（贫困人口648人）签订了收购价为360元/吨的青饲草收购协议，鼓励引导贫困户种植饲草1 013亩，户均增收4 171元，人均增收1 094元。

（三）经验总结

1. 发展特点

（1）合作领域上　形成了覆盖农牧区主导产业和优势特色产业的专业合作组织网络，涵盖面也从单纯的农畜产品销售发展到了种植、养殖、加工、运输、信息和销售等多个领域。

（2）合作社主体构成上　以农牧民为主体，多元化兴办。专业合作组织既有牧民和牧区经纪人自己创办的，也有乡集体经济组织牵头办的。

（3）合作机制上　按照有执照、有组织、有场所、有章程、有制度、有档案、有实体的“七有”标准来规范，在专业合作经济组织发展中逐步完善合作社章程，建立健全组织机构、财务管理、民主决策、盈余分配等管理程序和制度，改变发展初期运作无序的不规范现象，管理结构和股本结构不断优化。

2. 主要措施

（1）加强领导，精心组织　首先，乡党委、政府把专业合作社的发展列入重要议事日程，指定一名主要领导具体主抓此项工作，并通过多次召开群众大会，对专业合作经济组织发展进行动员、部署和落实，组织村经纪人到海东市对合作社组建及发展方式进行实地考察学习，为推进合作社发展奠定了良好的基础。在此基础上，结合实际，充分尊重群众意愿，始终坚持按照“民办、民管、民受益”的原则，及时注册成立合作社，乡政府引导而不参与、扶持而不干预，为合作社健康发展营造了良好的氛围。

（2）明确制度，规范行为　针对专业合作组织起步时间短、经验不足、运行还不规范的实际，加强对专业合作组织的业务指导，做到“边发展、边指导、边规范”。尤其以北山村专业合作社为主，在组织管理和运行机制上进行大胆探索，制定出台了《门源县北山畜牧业生产专业合作社规章制度》等18项措施，明确了合作组织的创办程序、组建规划、组织机构、内部制度、利润返还和成员的权利义务等内容，进一步规范了合作组织内部运行行为，对指导、规范专业合作经济组织建设与发展起到了积极的推动作用。

（3）政策支持，优化环境　乡党委、政府充分运用州县支农资金，积极争取金融部门的扶持，增强合作社对畜牧业生产能力、兴办加工、服务设施等项目的投入，现已在北山村以社员个人入股和州县财政支农资金扶持，并按合作社集体入股的方式共整合股金25万元，收购种公羊200只，由合作社统一管理养殖；有偿使用贮草棚80米^2、304型拖拉机1台、手扶1台、打捆机1台、包膜机1台、割草机2台，用于饲草料加工。通过这些措施，提高了合作社的市场竞争能力。

（4）打造品牌，提升竞争力　乡党委、政府把打造品牌作为推动专业合作社发展的一项重要内容，牢固树立品牌意识，积极支持合作社申报无公害产品和绿色产品认证，注册商标，提高知名度。打造了商标开发利用的良好基础。

（5）加强培训，锻造队伍　基于多数专业合作社的参与者都是牧民，经营管理者主要由社员担任，大多数社员文化程度低，对市场经济知识知之甚少的现状，积极组织了以专业合作社法律法规、经营管理等知识为主的考察、培训和学习，通过集中、外出考察学习等方式培训专业合作社专业人员40多人次，使合作社成员的业务素质有了明显提高。

3.取得的成效

（1）增强了农畜产品的市场竞争力　农牧民专业合作组织的建立，改变了家庭联产承包责任制下农户个体作战、势单力薄、参与市场竞争能力有限的局面，合作社组织分散的农牧户统一生产标准、统一注册产品商标、统一市场销售产品，让牧户在市场竞争中赢得与其他市场主体平等的地位，加强了产销衔接，解决了畜产品“贱卖”和“卖难”问题。

（2）推进了农牧业产业化经营　专业合作社组织的发展，促进了资产的有效重组，带动了各种要素的合理配置，实现了生产的联合。目前，门源回族自治县皇城乡股份制联产经营组有20组，带动农牧户62户；租赁经营组19组，带动农牧户38户，两种模式共带动牧户100户，占全乡总户数24.6%。通过集约化经营，全乡共整合草场91 147亩，占草场总面积的11.8%；饲草料1 245.7亩，占饲草地总面积的14.8%；牲畜15 055头只，占牲畜总头数的18.7%；共转移劳动力110人，占总劳动力的12%。

（3）加快了富余劳动力的有序转移　随着农牧民专业合作社的组建，合作社吸收本地富余劳动力，尤其是有文化的青年人群参加进来，并通过专业合作社的服务部提供劳务信息来介绍就业，从而有效解决了富余劳动力转移和就业问题。

（4）增加了农牧民收入　第一，农牧户相互联合，提高了市场谈判地位，避免了无序竞争，提高了农畜产品的销售价格，维护了农牧民自身利益。第二，将生产、加工、销售各环节联为一体的经营模式，农牧民可以从出售农畜产品中直接收益。第三，由于产业链条的延伸和拓展，农牧民可以通过合作社的再分配机制，获得产后加工、流通环节的增值收入。

（四）值得借鉴的经验

1.加大政府支持力度

各级政府及有关部门要不断优化服务手段，创新扶持机制，加大对专业合作社的支持力度，既可直接补助资金，也可通过支持开展培训活动增加对农牧民专业合作社的智力投资，还可通过政府采购为农牧民专业合作社引进技术和物资，形成支持合作社发展的合力，真正做到“成熟一个、发展一个、规范一个、提升一个”。

2.做好专业化生产布局

因地制宜，以增强地方优势产业为目标，以现有的合作社为基础，立足现有资源禀赋以及舍饲、半舍饲养殖规模的实际，借鉴“专业合作社＋联户经营组＋农牧户”的运作方式，推动畜牧业结构调整，着力壮大提升羔羊育肥、饲草料加工、舍饲养殖等产业，使优势产业成为合作社发展的良好基础，使合作社成为优势产业发展的龙头，从而扩大产业规模，提升质量，求取效益。

3.进一步强化品牌意识

一方面，通过引导和宣传，逐步增强农牧户“商标兴农，商标富农”的意识；另一方面，根据产业特点，有效发挥合作社的组织力量，积极申报注册商标，将那些最具显著优势的畜产品特性通过商标充分地利用和保护起来，使他们充分认识商标在畜产品走入市场中的重要性，通过广大牧民的参与后形成规模，由专业合作社来推介打入市场形成优势。

4.注重新型农牧民的培育

农牧民专业合作社健康稳定发展的“瓶颈”性问题是人才资源，因此，要以提升合作社人员素质为切入点，提升合作社发展层次。同时，更要加强对合作社发起人、建设带头人和普通成员的教育和培养，以提升合作社的发展潜力。要建立业务培训制度，通过不同层面、多种形式的培训，使他们熟悉合作社理论和政策知识，增强管理意识、发展意识、创新意识，提高工作水平，减少经营决策的局面性和片面性，更好地引导广大牧民参与并办好合作社。

5.强化契约精神完善互助机制

根据合作社运转中出现的问题，要及时制定或健全完善符合农牧民专业合作社要求的内部管理制度，保障其操作运行的规范化，处理好服务与盈利的关系，做到内部不乱、外部吸引力不减，风险共担、利益共享。通过积极引导合作社与企业等其他经济组织，合作社与合作社间的结对活动，寻求“以企带社、以社带社”的资金援助渠道，拓宽资金来源，增强发展动力。

四、关于促进新疆新型牧业经营体发展的政策建议

新型牧业经营主体是顺应现代畜牧业发展和产业结构调整需求而生的一种跨产业、跨行业的新型合作与融合，具有“集约化、专业化、组织化、社会化、信息化”相结合的主要特征。既涵盖了为产前、产中和

产后提供专业化、市场化服务的专业服务公司、专业服务队、农民经济人等，也包括了畜牧业产中环节的生产经营组织。

面对新疆畜牧业生产中风险大、产业链长和发展中资源短缺、生态环境压力加大、畜牧业投融资体系和现代服务体系不完善、畜牧业发展体制和机制相对滞后等现实问题，依托新疆老科技工作者协会“新疆新型牧业经营体发展研究”项目，与新疆畜牧科学院畜牧业经济与信息研究所共同开展了调查分析和研究工作。通过实地调研、文献分析和座谈讨论，在分析影响新疆新型牧业经营主体发展的制约因素的基础上，为促进新疆新型牧业经营主体发展、提高牧民收入、增长牧区经济和牧业转型提出以下政策建议。

（一）建立行业管理部门沟通协调与信息共享机制，促进现代畜牧产业融合发展（外部环境）

1. 问题

从新型牧业经营体的特点来看，其培育与发展不是某一个部门或厅局独自可以完成的工作。在部门协调上，从肉羊到羊肉的产业链中，包含了畜牧、商务、工商、质检、交通、物流等多部门的管理、监督，同时也包括了养殖户、合作社、企业、商家、消费者等多环节的利益相关者。现代畜牧业从生产方式、生产目标和经营方式上都发生了巨大的转变，但各相关行业管理部门间的数据方法和标准还不统一，相关政策、生产、市场信息等发布平台也是各自为政，行业管理部门沟通协调与可公开信息资源整合难度大；标准化、规模化养殖与企业生产加工标准不一致，与市场联系不紧密；加之统计数据的严重滞后等因素，不仅增加了新型牧业经营体获取信息、数据的难度，也会影响经营体对生产和市场的判断。

2. 建议

由自治区党委、人民政府牵头，与新型牧业经营体培育和发展相关的各行业主管部门和科研单位参与，研究制定并完善与现代畜牧业发展相适应的数据统计标准、采集方法和共享发布方式，建立基于市场和产业融合的“新疆现代畜牧业全产业链信息服务”平台，创新管理和服务方式。通过平台实现各行业与归口管理部门政策、生产、市场等相关数据的融合、共享与及时发布，为产业链稳定循环提供政策保障和信息服务。一是各地州、县市要制定切合本地实际的多元化新型牧业经营体扶持与发展方案，在标准化、规模化养殖方面，要加大对饲养和饲喂管理标准化的关注力度，只有生产出适合企业加工标准需求的畜源，才能更好地保障养殖户活畜销售的收益；二是要建立行业与归口管理部门间联席工作制度，分析、研究产业和行业发展中的焦点、热点与难点问题，及时发现和解决影响经营体发展的问题，最大限度地降低因政策理解和落实不到位、数据误差等造成的产业形势预判失误和经济损失。

(二) 建立健全新型牧业经营主体准入与考核制度，进一步规范和完善经营体内部管理机制（内部环境）

1. 问题

一是经营与管理人才短缺，成员对经营体带头人缺乏信任度，以及“空心”“挂牌”等“僵尸”合作社的存在等现实，影响了农牧民对新型牧业经营体的认知度和认可度；二是经营体内部管理制度松散，特别是在利益分配和风险保障方面，毁约风险较大。

2. 建议

由工商部门和农经部门联合建立准入登记和备案数据共享与发布机制；按照国务院《企业信息公示暂行条例》要求，制定经营体效益与带动影响力考核指标体系和年报制度，出台经营体财政年度绩效与利润考核办法，由工商部门牵头，与税务、银行、经营体注册地政府联合进行考核并通过“新疆现代畜牧业全产业链信息服务”平台对排名进行公示。可以对连续3年经营亏损或排名末尾的经营体实施注销，并限定被注销经营体负责人再次组建经营体的相关条件；对排名靠前的经营体可以在政策、项目和资金等方面予以优先支持。规范并细化经营体企业化管理、商业化运作和股权、红利分配机制，增强农牧民对经营体的信任度和各方合作意愿，在新型经营体市场竞争力和抗风险能力提升的同时，强化各方契约精神，确保各方合理收益的最大化，以制度的完善促进经营体内部的规范化运行和管理，用好的制度和机制来吸引并留住人才。

（三）建立健全与新型牧业经营体发展相适应的社会化服务体系，保障新型牧业经营体的健康持续发展（扶持体系）

1. 问题

随着现代畜牧业的发展，畜牧业生产方式从传统转向现代、从分散转向集中，生产目标从满足自给转向供应市场；畜牧业生产的产业链也在不断延长，形成了在相关政治、法律、经济、文化、资源、技术环境下，与畜产品生产密切相关的关联产业群所组成的网络结构。畜牧业生产方式、目标、经营模式等都在发生变化，但缺少与之相适应的服务体系。滞后的统计方法和统计标准、落后的推广服务体系以及金融保险措施、缺失的产业链利益分配机制、信息的不及时和不对称等不仅影响经营体的健康持续发展，同时制约了新疆从畜牧业大省向现代畜牧业强省转型升级的进程。

2.建议

教育培训与人才培养方面。由各行业主管部门牵头，以科研院所、大专院校、示范园区和基地等为依托，通过学历教育、远程教育、短期培训、参观考察、经验交流等多种培训形式，开展与生产、管理、经营、政策、金融、保险等相关内容的知识与技能培训，加大新型牧业经营体经营与管理人员的培训力度，通过不同层面、多种形式的培训，使他们熟悉新型牧业经营体理论和政策知识，增强管理意识、发展意识、创新意识，提高工作水平，减少经营决策的局面性和片面性，加快培养善经营、会管理、懂技术、有奉献精神和凝聚力的新型牧业经营体管理人才队伍，建立奖励激励机制，鼓励和吸引牧业科技人员和大中专毕业生参与新型牧业经营体运营和管理等工作。

风险保障机制方面。一是建立由政府、企业、牧民三家共同承担的畜牧业风险基金。二是要加大宣传力度、简化审批程序，做到科学查勘、快速理赔，改进和规范理赔、承保工作流程，以及保险条款；健全畜牧业保险制度提高农牧民参保意识。三是鼓励畜牧业担保公司的发展，提高畜牧业融资效率。自治区各级政府应积极推动多元化、多层次畜牧业贷款担保中心的建立，为畜牧业发展融资提供更多的机会和更大空间。四是创新发展养殖业互助合作保险。可以参考国内外成功经验和做法，通过实施生产合同补贴、畜牧业灾害补贴等牧业补贴政策、开展经营体间合作来降低生产风险。通过补贴政策扶持经营体间的战略合作，可以在养殖户不能及时提供产品的情况下，及时从战略合作伙伴方采购产品，同时也有益于减少畜牧业季节因素影响，实现畜产品的均衡供给。

金融扶持方面。建立相关部门联合的经营主体综合信用评级制度，建立不同经营类型、不同规模经营体的信誉动态评价体系，加大对利润高、影响力大、带动效益强的合作社、龙头企业的支持力度，既可直接补助资金，也可通过支持开展培训活动增加对经营体的智力投资，还可根据畜牧业生产特性，为认定的、企业信誉和效益良好的企业研究制订灵活、多样的金融产品、贷款利率和服务方式，在保证企业利益的同时也保障养殖户的利益。探索研发以村镇银行、贷款公司和资金互助社三类农村金融机构为贷款供给方的新型农村金融机构服务模式，进一步拓宽畜牧业金融服务的广度和深度、延长产业链条、打造产业链服务模式。在具体做法上可以参考韩国“农业协同组合”的成功经验和做法。

全产业链发展服务体系建设方面。从现代畜牧业发展和新型牧业经营体培育的关键点位和环节入手，联合开展多部门跨产业的利益分配与风险共担机制研究，同时在现有服务体系中重点加强冷链物流、品牌效益和畜产品生产与流通的监测预警及数据分析工作。一是要降低运输流通特别是冷链物流成本。应根据家畜产品特点和畜牧业生产的风险，充分利用“鲜活农产品运输绿色通道政策”和“生鲜农产品流通环节税费减免政策”，在目录范围的鲜活农产品中增加冷鲜畜产品或分割肉产品的内容，在继续实行生鲜农产品流通环节税费减免政策的同时，加快制定对冷鲜畜产品和冷冻分割肉等流通环节的税费减免政策。同时要通过相关财政补贴、税收减免或与物流企业合作等方式降低生鲜畜产品冷链物流成本。二是要增强品牌效益，形成品牌合力。研究目标市场和消费者需求，拓宽畜产品消费渠道，集中打造新疆优势畜产品品牌，扩大品牌市场占有率和企业影响力，再好的品牌没有市场也只能是没有效益和利润的产品。在品牌宣传方面，政府应加强对合作社产品广告、营销、专卖店设置等方面的投入或相关费用的减免，鼓励合作联社参加农产品交易会、展销会等活动，并予以适当赞助。三是要加强基础数据共享和产业分析团队建设。准确的市场分析和预测来源于及时、准确、连续的基础数据，因此有必要建立集统计、商务、检疫、工商、流通等生产与市场信息的数据库，以及基于数据库的“新疆畜产品生产与市场信息监测预警分析团队”，由团队成员根据各类信息和数据综合分析新型牧业经营体发展情况和产业发展趋势，为政府决策和产业发展提供理论依据。

五、基于新型牧业经营主体培育视角的促进新疆农牧民增收建议

为深入贯彻中央新疆工作座谈会和自治区第九届党代会精神，由新疆畜牧科学院畜牧经济与信息研究所与新疆老科技工作者协会、新疆农业大学经济与贸易管理学院等单位结合课题研究任务，从畜产品市场和畜牧业供给侧结构调整入手，以自治区新型畜牧业经营主体培育、农牧民增收为主题，联合开展了专题调查研究。自2016年6月至11月，课题组赴伊犁州、克州、喀什地区和哈密市9个县市进村入户实地考察，查阅了大量资料，并赴内蒙古、青海两省区学习取经，现就新疆大力培

育新型畜牧业经营主体和加快农牧民增收的建议汇报如下。

（一）新疆畜牧业经营主体发展整体情况

1. 以民营、个体经营或松散型合作经营为主，主要从事传统的养殖、屠宰、零售和初加工行业

从实地调研、资料查询和数据分析发现，新疆企业大多以民营企业为主，养殖大户、家庭牧场及标准化、规模化养殖小区（场）也多为独立经营，合作社、合作联社等合作方式也相对较为松散。涉牧企业既是新型牧业经营主体的重要组成之一，也是新型牧业经营体系构建和牧业经营体制创新的关键，但目前新疆企业发展严重滞后。数据显示，现有的1 019个龙头企业中，年销售收入在5 000万元的企业占到70%以上，超过1亿的不足10%。全疆农牧户总数为269.5 306万户，举办家庭养殖场及从事畜禽养殖大户为40 529户，仅占总户数的1.5%，与内蒙古的12%有很大差距。各类经营体的主要经营业务也多集中于传统养殖、批发零售和初级畜产品加工行业，基本没有实现跨行业或全产业链经营。

2. 初步建成标准化生产体系，质量管理体系建设相对滞后

对经营体的走访和数据分析中看到，多数企业都建立了企业标准化体系，无论是国家标准、行业标准、企业标准还是地方标准都集中在活畜或胴体收购、养殖、产品加工和产品质量检测方面；合作社、养殖大户、家庭牧场、养殖小区（场）等标准化也多集中于棚圈等设施标准化建设、饲养规模和饲养管理方面。在废弃物处理方面基本做到无害化处理或达标排放。但在质量管理体系方面相对缺少完善的质量检验检疫机构和检测人员，同时企业生产加工标准与养殖户饲喂标准不匹配导致的活畜或胴体达不到企业收购标准的现象也普遍存在。

3. 产业化经营成效显著，带动农牧民增收明显

从产业化经营带动农牧民增收来看，经营体带动多为“公司+农户”“公司+合作社+农户”“公司+经纪人+农户”“合作社+经纪人+代收代销点”“合作社+电商”等形式。特别是在经营体与农牧民利益联结交换过程中，经纪人或代收代销点发挥了关键作用，有效降低了经营体与众多个体经营户间的交易成本。据调查，参加畜牧业经营合作组织的牧户在一次分红（原材料生产如财产和活畜交易等）、二次返利（在活畜交易后再次从畜产品销售中获得分红）和牧民就业中，户均增收2万～5万元。伊犁福润德农牧业发展有限公司在特克斯县、巩留县建设规模化畜牧产业基地，吸收当地牧民500余人就业，人均年收入3万元左右；阿克陶县巴仁乡沙曼养殖专业合作社目前拥有社员53人，2015年分红最多的户为7万元，最少的户为2.5万元。

4. 品牌建设初具成效，部分经营体已将产品定位于中高端市场

“西域春”乳业、“巴口香”牛肉、“南达”乳业、“旺源”驼乳、“长河肠衣”等一大批起点高、规模大、效益好、有品牌的畜牧龙头企业在全疆范围内崛起，推动了新疆以畜产品深加工为主的畜牧业产业化发展进程。截至2012年年底，已取得国家级、自治区级畜牧业产业化重点龙头企业有30家；全疆规模化乳品加工企业52家，年加工鲜奶能力达到190万吨；肉品加工企业55家，年分割加工牛、羊120万头(只)，生猪10万口；种畜禽繁育企业达到了215家；饲料加工企业达到了267家。

从2010年到2015年间，共认定新疆农业名牌产品254个（仍在有限期内的123个），其中，获得中国驰名商标的22个，获得自治区著名商标的64个，获得新疆名牌新产品的29个，获得三品一标认证的96

个；8家企业获得国家级农业产业化重点龙头企业称号，76家企业获得自治区级农业产业化重点龙头企业称号。据2014年度新疆商标发展报告统计，新疆畜产品著名商标有31个。

2016年度49个认定的新疆农业名牌产品中，旺源驼乳（旺源）、利乐砖纯牛奶（西域春）、乳酸菌（小金牛）、阿勒泰羊冰鲜肉（大尾乌伦古）等4个畜产品品牌榜上有名，基本形成了以加工企业为龙头，连基地、带农户的一体化经营模式，部分经营体也开始或计划开始网络营销，借助多样化品牌宣传，已创立了一批面向中高端市场的“西域春”“巴口香”“小巴郎”等知名畜产品品牌。

（二）新疆畜牧业经营主体发展面临的现实困难

1. 融资难融资贵的现象依然存在

调研发现，大多经营体都存在融资难、融资贵的问题，部分企业也存在营改增后各种收费带来的成本增加问题。数据显示，2014—2015年自治区财政利用中央财政支持合作社发展专项资金在昌吉等5个地州开展合作社贷款担保试点工作。至2015年年底，仅有昌吉州等三地州的32家合作社申请到了贷款，和田和巴州两地州没有一个合作社拿到贷款。全区两万多个合作社中，享受到贷款贴息的合作社250个，占合作社总数的1%。融资难、融资贵的主要原因：一是农村特别是牧区，金融资本非牧化严重。县乡银行等涉农金融机构发展不足，银行基于资本逐利性和利润最大化考虑，也会将大部分信贷资金投放到比较利益相对较高的领域和行业，加之畜牧业生产周期长、风险大的特殊性，相应对涉牧企业信贷支持力度明显不足，加剧了经营体获得贷款的难度和成本。二是抵押担保物不足。基于畜牧业生产、经营的特殊性，部分企业、合作社难以拿出易变现的高价值资产进行抵押。三是由于信息不对称等因素，银行考察企业、合作社等经营体资信状况难度较大。基于风险防范考虑所采取的惜贷、慎贷或提高贷款利率的做法，也加剧了资金短缺或提高了融资成本。

2. 科技创新能力相对薄弱

一是经营体创新基础薄弱。受资金、观念和利润等因素影响，大多数经营体都缺少配套的研发机构或研发人员，虽然部分企业也聘用研发人员或与科研院所、大专院校签订联合开发协议，但大多都处于简单产品生产阶段，缺乏足够的技术积累、资金和人力进行科技创新。二是创新意识淡薄。多数经营体负责人不愿意承担创新活动的财务支出和不确定性风险，经营过程中对外部技术依赖性较强。三是创新资金投入不足。自有资金多被用于生产经营，而研发资金多依赖于政府科技、畜牧部门以科研项目等形式的资助，自有资金投入严重不足。四是创新人才缺乏。受发展空间、环境、待遇、语言、文字等因素制约，支撑经营体创新发展的人力资源储备特别是民汉双语人力资源明显不足。五是新技术、新业态培育尚待加强。打破产业界限、促进各产业间联动的关键技术研发和推广体系尚未建成，也缺少前瞻性研究。基于产业融合发展的“互联网+”畜牧业、电子商务畜牧业等各类新型产业形态还处于探索阶段，规模小、效益不明显、管理体制机制欠缺，急需进一步发展壮大。

3. 品牌化经营意识欠缺

主要表现为一是品牌意识不强。经营模式小而散，产品生产重数量轻品牌观念比较严重。经营体负责人缺少注册商标、维护品牌价值的主观意识和内在动力，特别是在南疆地区，少数民族喜食生鲜肉的习俗和羊肉消费量大、大众消费市场紧俏等因素影响，畜产品加工业相对滞后，老百姓重品种、不重品牌的现象较为突出。二是产业品牌化程度不高。经营产品多为原始畜产品或经过简单包装加工后的初级畜产品，有竞争力的市场品牌较少，在精深加工、包装、营销、品牌等方面需提升档次，提高品牌知名度和市场创汇能力。三是品牌管理能力亟待提升。品牌管理上只是单纯注册一个商标、设计一个简易包装，然后配以简单文字说明就进入消费市场，缺乏专业化品牌策划与宣传。四是品牌宣传方式有待改变。宣传内容局限于推销畜产品本身，缺乏对品牌内涵、文化、价值等内容的适度挖掘。宣传形式拘泥于参加产品展销会、发放宣传彩页或宣传册等文字材料。

4.企业与养殖户间缺乏紧密的联结机制

一二三产业融合发展所需的畜牧产业化组织和新型经营主体数量少、规模小、档次低、带动力弱等问题较为突出，也未形成明显的规模优势和集聚带动效益。数据显示全区现有农牧专业合作社20 965个，入社农牧户占总户数的20%（在牧区更低），挂牌而未运行的合作社占到30%以上。多数企业本身的产业链延伸拓展领域比较窄，难以与养殖户结成以技术、资金、资产、服务为纽带的紧密型利益联结模式，更难以分享产业价值链的增值收益。虽然多数企业都与养殖户签订了购销合同，但企业带动养殖户是依靠现时市场交易而非履行合同实现。各类产业化组织利益联结机制也不够紧密、完善，遇到市场波动，违约现象仍时有发生。尚未建成基本的“经营主体+社会化服务体系+配套政策”的新型牧业经营体系，畜产品生产、加工和从事休闲畜牧业的企业、农户、合作社等大多为孤立经营，欠缺基于各自优势和专业化分工基础上的合作；畜产品生产者与加工商、运销商、服务商等产业链的其他主体缺乏实质性深度合作，基本是市场买卖关系，存在利益冲突，难以实现一体化。调查中发现企业、养殖户都反映对方有过不同程度的违约情况。此外，畜产品加工企业普遍存在初级加工多、精深加工少、产品附加值低的现象，造成产品加工增值转化率低、带动农牧民增收有限。

5.政府公共服务水平有待提升

第一需要改善公共设施环境，增强各地州、县市打造宣传推介、区域品牌培育等“软环境”实力。第二急需加快农牧区信息化建设进程。各地政府在加快农牧业信息网络建设、培育打造畜牧业“淘宝村”、利用信息网络平台宣传推介和资金投入等方面认识度不高，资金投入明显不足。调查发现有部分企业、合作社已开展了畜产品网上营销和品牌宣传，但网上营销的网络环境、网络运行及冷链物流费用等因素一定程度上也制约着品牌发展和畜产品竞争力的提升。第三需要优化使用支农资金。财政支农资金整合难度大，致使资金扶持分散、力度偏小，甚至出现扶持资金交叉重复或遗漏缺位等情况。第四要进一步提升惠牧政策的落实效率。大多涉牧扶持政策存在经办时间长、实施成本偏高的现象，而且在政策落实上也有较明显的时间滞后性。

（三）促进新型牧业经营主体发展，助力农牧民脱贫增收的政策建议

1.结合畜牧产业特点，创新融资服务政策与模式

基于新疆南北疆畜牧业生产、市场等资源禀赋和生产生活与消费方式，一是加速推进农牧区金融体系建设。规范发展农牧区资金互助组织等新型金融机构，引导支持牧区内生金融组织发展，在执行《自治区财政扶持农民合作社发展贷款贴息资金管理办法（试行）》（新财农〔2015〕73号）文件中，将37个牧业县和半农半牧县的养殖合作社纳入

自治区农民合作社示范名录优先考虑，并适度放宽限制条件；鼓励面向地州、县市、乡镇扩展营业网点，重点向涉牧企业提供融资服务。二是拓宽畜牧业政策性金融的支持范围。采取政府引导、社会参与、市场化运作的模式，设立畜牧业产业发展基金或贷款担保公司，吸引鼓励企业、社会组织、民间资本、个人等多种形式的资金投入，确保资金投入和使用的长期性与连续性。三是扩大信贷担保融资。发挥好政策性涉牧担保机构担保增信职能，健全贷款贴息、担保费补贴及风险补偿基金等配套政策。四是加快研究探索“信贷+保险”的融资模式，对中小规模经营体在饲草料作物、畜禽养殖等投保相应保险，以保单为凭证发放流动资金贷款。五是创新金融服务方式。探索建立以村镇银行、贷款公司和资金互助社三类农村金融机构为贷款供给方的新型农村金融机构服务模式。六是规范引导工商资本投资畜牧业。规范引导城市工商资本通过参股、控股、全资收购方式投资涉牧企业，并加强对工商资本投资畜牧业的事中事后监管。同时建议国土部门在未来经营性建设用地规划时，向牧区产业融合型经营主体倾斜，优先考虑圈舍、加工厂房、餐饮、仓储等建设用地。

2.助推企业创新能力提升

一要加大科研项目和成果转化扶持力度。面向畜牧业生产和市场，建立科技创新专项资金，引导企业等经营体参与或主持促进畜牧产业发展的科研、成果转化等项目，并以贴息、无偿资助等方式支持开展科技创新活动和成果转化工作，持续推进企业与科研院校的深度科技合作。二要加大财政扶持力度。政府以公共投资形式加大财政扶持力度，重点用于技术攻关、技术改造、技术推广体系建立等方面。三要制定一二三产业融合发展的政策支持标准，对吸纳当地农牧民就业数量和农牧民增收达到一定比例时，给予税收及相关费用的优惠减免政策，对养殖场等用水用电按农业电价水价给予支持，创新流通方式，支持发展直销、配送、电子商务等畜产品流通业态，从而带动当地农牧民就业和增收。四要强化税收落实力度。全面落实企业税收减免、研发费用加计扣除、高新技术企业所得税优惠等鼓励加大自有资金研发投入的税收政策。

3. 推动畜产品品牌影响力拓展

一是要引导企业树立品牌意识。充分利用多种媒介宣传畜产品品牌建设的政策法规、典型案例，营造品牌建设的舆论环境和产业氛围。二是要重视企业品牌建设。积极组织企业举办或参加各类农业品牌推广活动，加强畜产品品牌基地建设，共同做大地域品牌，实现地域品牌与企业品牌互动融合发展。三是要完善品牌扶持政策措施。建立自治区、地州、县市级品牌建设资金奖励的政策措施，并将此优惠政策扩展至所有牧业经营体。四是要加大品牌保护力度。职能部门要加大商标注册、知识产权保护、反不正当竞争方面法律法规的宣传与执行，从制度层面加大品牌侵权行为的整治力度。

4. 加快研究制定产业链各环节利益联结机制，试行经营体专项经费后补助办法

畜牧业全产业链涉及部门多、类别广，而企业和养殖户是连接链条从活畜禽到畜禽产品的重要环节。链条各环节利益分配不仅是产业链稳定发展的前提，也是实现农牧民增收的基础。因此，一是从自治区层面成立发展新型畜牧业经营主体的专项推进领导小组，顶层设计，统筹规划，多部门联合开展畜牧产业链各环节利益联结与分配机制研究，在保障前端养殖者能够获取终端市场利润的同时，提高养殖户的养殖积极性，确保新疆草食畜牧业的可持续发展和农牧民增收。二是针对当前“被社员”“僵尸合作社”“空壳企业”等现象，探索试行经营体后补助办法。组成由畜牧部门牵头，工商、税务、银行、商务、统计等相关部门参加的专家组，对经营体上一年度或前三年利润、社会影响力、农牧民增收带动力等方面进行综合评价，对综合评价指标和利润最高的经营体进行专项资金扶持，或按照政策目标的实现程度给予相应的政策补贴或奖励，以保证扶持资金的效益最大化。

5. 促进畜牧业全产业链信息化水平提升

一是要完善畜牧业信息公共服务平台。依托科技兴农网、新疆畜牧厅网、新疆畜牧科学院院网等政府门户网站，加快信息更新速度和频率，丰富信息提供内容。设置专项资金，支持并强化定期监测、汇总、统计、分析工作，为企业、合作社等经营体和社会各界提供及时的信息服务。二是要加快牧业物联网发展。综合运用财政、科技、信息政策和资金，试行牧业物联网示范区工程，建设全疆牧业经营体的牧业物联网平台及数据系统。三是结合新疆多民族聚居的特点做好民汉双语畜牧业公共服务平台的建设、运维以及数据、信息的及时翻译和发布。

六、国外草地保护措施对新疆草原保护建设的启示

根据新疆畜牧厅草原处要求，新疆畜牧科学院畜牧业经济与信息研究所政策经济研究团队对国内外草地保护及建设文献资料进行了收集、整理和分类，前往甘肃进行了考察，并与疆内外相关科研院所、各地州、县（市）畜牧局等有关单位专家、领导、农牧民进行了调研、座

谈、交流。2015年11月起结合调研数据和文献资源数据，对国内外草原保护建设政策进行了研究、分析和比对，从中总结出有益于新疆草原保护建设的经验与做法，为补充和完善新常态下新疆草原畜牧业转型发展中的草原保护政策提供借鉴与参考。

（一）草地、草原和草甸

1.草地（glassland）

作为特殊的农业生产资料，草地具有草本植物占优势或有灌丛和稀疏乔木生长的景观。草地上的天然牧草和人工种植牧草为野生动物和家畜提供了饲料并成为其生存场所，因此草地具有初级（植物）生产到次级（动物）生产为主干的农学特征。

不同的学科对草地有不同的定义。地植物学上，把以草本植物占优势的群落称为草地；在草地学中，将以草本或灌木为主的植物群落通称为草地，甚至把疏林也包括在内。草地通常以多年生禾本科植物占优势，此外亦有以莎草科、百合科、菊科、蔷薇科、黎科、蓼科、豆科、唇形科，或者一年生植物为主的草地。

2.草原（steppe）

草原是生态环境脆弱地带，其建群种通常为多年生禾本科植物。分布于半干旱和半湿润地带，是以多年生旱生型草本植物占优势的水平或垂直地带性植被类型。

依据分布地区的热量条件及其优势种的温度生态型，草原被划分为热带稀树草原、亚热带草原、温带草原和高寒草原4类。前三类为水平地带性植被，后一类则属于垂直地带性植被。

世界各地的水平地带性草原，尽管降水量相差较大，初级生产力悬殊，但其共同特点是：每年都有一个气温较高、蒸发较强、干燥度较大的时期；季相变化明显；属于半干旱或半湿润气候。与此相适应，其优势植物通常叶片较小或狭窄，具有旱生结构，根系发达。

3. 草甸（meadow）

出现在中度湿润条件下，以中生型多年生草本占优势，以富含腐殖质的草甸土为特征的植被类型。

草甸可出现在世界各地不同的植被带内，一般是非地带性植被。但是，其种类组成与地带性气候密切相关，特别是位于森林向草原过渡地带的草甸，具有明显的水平地带性特征。位于山地林线之上的草甸具有显著的垂直地带性特征，其形成和分布一般不受地下水的制约，而与大气降水和空气湿度有着密切的关系。根据不同的标准，草甸被划分为不同的类型，而草原地区的草甸类型会随土壤水分的改变而发生演变。

（二）世界主要草地农业生态系统

1. 热带草地农业生态系统

大致分布在南北回归线之间，气候特点是全年高温，年平均温度在22℃以上，光照10～14小时。根据降水、温度和湿度，热带可以分为不同的生态气候带，其中包括萨王纳（Savanna）草地、热带次生草地和卡帕拉（Chaprral）草地。

（1）萨王纳草地　萨王纳草地定义为大致均匀散布着高大乔木、灌木和小树的同类热带草地。萨王纳是世界上重要的养牛基地之一，并有大量的山羊和骆驼，游牧是这一地区的主要方式。广泛分布于拉丁美洲、中部非洲（特别是东非）、澳大利亚北部、印度、东南亚和中国海南省的热带和部分亚热带地区。年降水量500～1 500毫米，每年有一个明显的旱季和雨季交替。

（2）热带次生草地农业生态系统　热带次生草地是指热带森林被消除后所形成的次生草地，其中一部分已经变成为永久性农田或人工草地。澳大利亚利用拉布豆、威地黄豆、木豆、桂花豆等豆科牧草改良热带次生草地，极大提高了草地生产力，成为世界上重要的肉牛基地之一。

（3）卡帕拉草地农业生态系统　泛指一切炎热干燥地中海型气候的常绿硬叶灌丛。卡帕拉年降水量200～700毫米，每年有一个明显的旱季。

这一类型的灌丛草地分布在墨西哥及美国西南部。

2. 温带草地农业生态系统

温带草地是温带主要的天然植被类型之一，也是地球上主要的农业生态系统所在地。分布在南北纬20°～55°，其中最主要的有欧亚大陆的斯太普（Steppe）、北美洲的普列里（Prairie）、南美洲的潘帕斯（Pampas）和非洲的维尔德（Veld）。

（1）斯太普草地农业生态系统　欧亚草原统称为斯太普。原指西南亚与东南亚以旱生禾本科植物为主的草地，现在泛指欧亚大陆地势平坦开阔，排水良好，春季无水漫现象，以禾草植被为主的地区，是世界上面积最大的草原。自欧洲多瑙河下游起，呈连续带状往东延伸，经东欧平原、西西伯利亚平原、哈萨克丘陵、蒙古高原，直达中国东北松辽平原，东西绵延110个经度。气候特点是夏季炎热，冬季寒冷，年降水250～750毫米，每年有一个旱季。

（2）普列里草地农业生态系统　普列里也称北美大草原或北美大平原（Great Plains）。分布于北纬30°～60°，西经89°～107°，是世界上面积最大的禾草草地。从加拿大南部起，纵贯美国中西部，直到墨西哥中部与萨王纳相接；东起伊利诺伊州西部和俄克拉荷马州落叶林西线，西至落基山脉。是世界上草原经营现代化、生产效率最高的草地农业生态系统之一。

（3）潘帕斯农业生态系统　南美草原统称为潘帕斯，意指平坦、广阔，以草本植物为主的地区。现泛指南美洲南纬32°～38°之间，亚马孙河以南，从大西洋海岸到安第斯山脉的广大地区。分为东部湿润潘帕斯（年降水量800～1 200毫米）与西部干旱潘帕斯（年降水量350～500毫米）两部分。潘帕斯大部分分布在阿根廷境内，土层深厚，牧草丰美，为传统的印第安牧牛人的养牛基地。

（4）维尔德草地农业生态系统　维尔德草地也称南非草原，指各种类型的南非开阔地带，在某些地区与非洲萨王纳有所重复。主要分布在南非高原的东部与南部地区，大致从林波波河以南到西部的海岸地带。

（5）温带次生草地农业生态系统　温带次生草地主要指温带阔叶林和针叶林被砍伐后所形成的草地。其中一部分因森林恢复受阻，形成了以中生草本，含有灌木成分的草地或股丛草地；另一部分为以阔叶林为主的温带森林被砍伐后翻耕建立的人工草地。主要分布在欧洲、北美、新西兰、澳大利亚和日本。

3.寒带和高山草地农业生态系统

寒带和高山为地球上生境最严酷的地区之一。年平均温度低于0℃，最热月的平均温度不超过10℃，生长季为2—4月。寒带的地带性植被为冻原，高山带位于山地森林线以上到常年积雪带之间。

（1）冻原草地农业生态系统　冻原草地是由耐寒的北极－高山成分和北温带成分为主的藓类、地衣、小灌木和多年生草类构成的低矮植被，藓类、地衣较发达，为群落组成的显著特点。

（2）高山草地农业生态系统　高山草地在世界各大洲的高大山系都有分布，我国的青藏高原为世界上最大的高山草地生态系统，欧洲阿尔卑斯山的高山草地因其早期的研究成果和独特的高山草地畜牧业著称于世。高山带的生态共同点是寒冷、昼夜温差大、强风、辐射强烈、空气稀薄、CO_2含量少。高山草地各类型中，高山草甸以其降水量较多、草层密集、植物量相对较高，适于放牧牛、马、羊，局部地区甚至可刈割而最具农业生产价值。

4. 荒漠草地农业生态系统

荒漠是由超旱生的植物构成的群落。其特点是降水稀少，蒸发强烈，极端干旱，极强的大陆性气候，土壤粗瘠或盐碱化，多风沙，植被稀疏甚至无植被。但其最本质的特点还是干旱－物理干旱或生理干旱。荒漠在地球上主要分布在南北纬20°～40°的地区以及沿岸有冷洋流经过的大陆西岸。

（1）热荒漠灌丛草地农业生态系统　热荒漠灌丛草地主要包括撒哈拉大沙漠、阿拉伯荒漠、塔尔和信德荒漠、美国南部和墨西哥荒漠、秘鲁－智利荒漠以及澳大利亚荒漠等。

（2）冷荒漠灌丛草地农业生态系统　冷荒漠灌丛草地主要分布在北美洲和亚洲的温带地区。平均温度低于热荒漠，多数情况下水分条件要好于热荒漠。北美洲的冷荒漠集中分布在美国西部的大盆地，故也称大盆地荒漠。苏联中亚荒漠根据气候条件分为北方荒漠和南方荒漠两大部分，北方为南哈萨克斯坦荒漠，南方荒漠以沙漠为主。我国的冷荒漠根据生态条件分为西部荒漠和东部荒漠两大部分，西部荒漠以准噶尔盆地的古尔班通古特沙漠为主体，同时还包括塔城和伊犁谷地的荒漠；东部荒漠包括塔里木盆地的塔克拉玛干大沙漠、柴达木盆地荒漠和河西走廊西部以及阿拉客一顿济纳荒漠。

从世界主要草地农业生态系统来看，新疆基本属于荒漠草地农业生态系统的冷荒漠灌丛草地农业生态系统。

不同的草地农业生态系统，孕育了不同的动植物品种，进而衍生了不同的生产方式、生活方式、经营方式和组织形式，世界各国也从资源与生态保护和畜牧业发展的视角，制定了相关草地保护政策与措施。

（三）中国草地资源类型

中华人民共和国草原法所称草原，是指天然草原和人工草地。天然草原包括草地、草山和草坡，人工草地包括改良草地和退耕还草地，不包括城镇草地。我国天然草地较集中的分布于北方干旱区和青藏高原。草地区划系统主要为：

1.东北温带半湿润草甸和草甸区

①长白山山地丘陵草甸和灌丛亚区；②兴安岭山地丘陵草甸草原亚区；③三江平原低地草甸和沼泽亚区；④松嫩平原草甸草原亚区；⑤辽河平原沙地草原和山地暖性灌草丛亚区；⑥呼伦贝尔高平原丘陵草甸草原和草原亚区。

2.蒙宁甘温带半干旱草原和荒漠草原区

①锡林郭勒高平原草原亚区；②乌兰察布高平原荒漠草原亚区；③晋西北、鄂尔多斯东部、陕甘宁青黄土高原丘陵草原亚区；④鄂尔多斯西部、宁西北、陇中高平原荒漠草原亚区。

3.西北温带、暖温带干旱荒漠和山地草原区

①阿拉善高平原荒漠区；②河西走廊平原山地荒漠和高寒草甸亚

区；③柴达木盆地荒漠亚区；④新疆北疆干旱荒漠和山地草原亚区；⑤新疆南疆极干旱荒漠和山地荒漠草原亚区。

4. 华北暖温带半湿润、半干旱暖性灌草丛区

①华北西部山地丘陵盆地暖性灌草丛亚区；②华北东部平原丘陵暖性灌草丛亚区。

5. 东南亚热带、热带湿润热性灌草丛区

①长江中下游北亚热带平原山地热性灌草丛亚区；②江南中亚热带中低山丘陵热性灌草丛亚区；③华南南亚热带低山丘陵热性灌草丛亚区；④海南热带丘陵山地热性灌草丛和干热稀树灌草丛亚区。

6. 西南亚热带湿润热性灌草丛区

①四川盆地及盆周山地热性灌草丛亚区；②云贵高原山地热性灌草丛亚区；③滇西南高山峡谷热性灌草丛亚区。

7. 青藏高原高寒草甸和高寒草原区

①藏西北高原高寒草原和高寒荒漠亚区；②藏西南山原湖盆高寒草原和温性草原亚区；③祁连山山地、环湖盆地高寒草原和高寒草甸亚区；④青藏高原东部高原山地高寒草甸亚区；⑤喜马拉雅山南翼暖性灌草丛和山地草甸亚区。

（四）国外草原保护措施

1. 新西兰

新西兰位于太平洋西南部，南纬34°～47°、东经174°～62°。拥有永久性草场面积1 386.3万公顷，占国土面积的51.8%，人工草场面积为天然草场的一倍。政府对不同地区的草场实行不同的所有制形式和投资办法。自然条件比较好的地方，草场均为牧场主私人所有，投资建设草场由私人负责，草场可以自由转卖；干旱、半干旱地区的荒漠草场多为国家所有，牧场主要通过合同租用，或由国家土地开发公司建成可利用草场后再卖给牧场主。随着草原整体状况的改善、草原载畜能力的提升以及市场的逐步完善，新西兰政府近年来停止和减少了对私人草场建设的优惠，实行市场化原则，除保留少量的化肥补贴外，投资全部由私人承担。

在草地资源的保护利用上，新西兰首先是重视人工草地改良，而且投入力度也大。属于牧场主的私有资产草场，牧场主投资兴修牧场水利、培育牧草、改良草种、优化土壤、施肥、除虫等，每隔3年或5年还进行免耕补播草种，以免牧草产量下降或者草地退化。新西兰牧场100%围栏，80%的牧草来自欧洲，有完备的草种繁育及销售体系，牲畜全部实现良种化，牧草的种植和管理、饲料加工、挤奶、剪羊毛、屠宰和加工、运输、冷冻等都依靠机械完成。

其次是有较高的经营管理水平。新西兰对牧场经营者实行严格的行业准入制，经营者必须具备专业知识，才能获准经营。高素质的牧场主能够科学合理地利用草地。牧场主重视草场建设，牧场内的围栏、牧道、林网、水渠等都可以做到统一设计、合理分布、科学利用。围栏内实行划区轮牧；严格限制草场载畜量；限制化肥、除草剂用量，限制畜产品的粗加工以防止畜牧业带来的环境污染。牧场经营实行成本收益核算。

再次是有健全的社会化服务体系。新西兰的教学、科研、推广等服务机构是按经济区划来设置，他们分工明确，与牧场保持着密切联系，同时其畜产品的加工、储运、销售系统也很完备。政府通过大规模的市场推介活动来进行市场开发与培育，保障了畜产品销售渠道畅通。新西兰的干草及青贮饲料储备体系，保证了灾害年份饲草料的充足储备。

最后是严格控制外来物种的入侵。由于气候湿润，新西兰牧场病虫害问题也较多，外来杂草和野兔对草地有破坏。为此，新西兰建立了非常严格完备的海关检疫及引进种隔离观察制度。还采取刈割控制杂草、天敌控制虫害等生态防治措施。

2. 澳大利亚

澳大利亚位于南太平洋和印度洋之间，地处南纬10.5°～41°、东经113°～153.5°，是跨纬度最少的一个大陆，南北间温差小，气温分布比较简单，99%的面积属于热带和亚热带。拥有天然草原4.58亿公顷，是世界天然草原面积最大的国家，牧场面积占世界牧场总面积的12.4%，天然草场占国土面积的55%。人工草地和改良草地所占草原面积的比重是一个国家畜牧业发达程度的重要指标之一。澳大利亚重视人工草地建设和草地改良工作，拥有人工草地2 667万公顷，占全国草原总面积的58%，在全世界处于领先地位。

澳大利亚政府对畜牧业的保护手段之一就是加强草原建设，合理载畜，防止草原荒漠化。牧场主根据拥有草原的产草量确定牲畜的合理养殖规模，同时把草场划分为畜群专业牧场，严格控制畜群规模。通过划区轮牧、季节性休牧和配套的法规以鼓励和保持畜牧业的可持续发展。在采取优惠政策鼓励农场主发展生产方面，一是鼓励农牧民采用先进技术，国家规定，所有用于农牧业生产的先进技术一律免税；二是对农用物资实行免税，包括备用零部件和汽柴油等；三是对遭受重大自然灾害的农牧场主实行补贴。牲畜转场放牧的运输费，政府补贴50%，对于不转场放牧的牲畜，政府补贴草料涨价的部分，与此同时，政府鼓励农场主卖出牲畜，实行缓税政策，推迟5年后再征收。

3. 加拿大

加拿大位于北美洲北部，在北纬41°～83°、西经52°～141°之间。草原面积约2 770万公顷，其中天然草原1 530万公顷，人工草地1 240万公顷。其草原权属主要有国家所有、个人私有和联户购买（按股份确定放牧牲畜数量）三种类型，其中国家所有草原面积约占6%。天然草原主要用于放牧，人工草地中730万公顷用于生产干草和饲料作物（60%为苜蓿或苜蓿混播草），480万公顷用于放牧，约30万公顷用于牧草种子生产。

在草场管理中，遵循生态保护和可持续发展的基本原则，建立了完善的草原监督管理制度，设计了天然草地利用和放牧管理体系，开发了供水系统，采用了科学的放牧管理措施和技术。一是科学管理草原，确保草原合理利用。加拿大各地草场按照草原状况确定适宜载畜量标准，确定了较低的载畜量，因此，即便达到核定载畜量的上限，也不会对草原造成破坏。二是重视草原监测，实施健康评估。加拿大萨斯卡彻温省政府委托萨斯卡彻温大学用10年时间制订了草原健康评价体系，编印了简便易操作的草原健康评价手册。三是加强围栏建设。90%以上的草场均建设了围栏和牲畜饮水设施，为禁牧、休牧和轮牧奠定了基础。

拥有高效的草原科研体系和完备的草原技术推广系统。一是合理确定科研重点，科学配置科研资源，根据全国19个农业研究所所在地的资源条件，统一规划研究重点，充分利用当地资源，促进科研与生产的结合；二是鼓励企业加大投入，拓宽经费来源渠道；三是鼓励农民积极参与，实现科研与生产紧密结合。加拿大有40多个直接隶属农业与农业食品部的非盈利技术推广站，按照地理区域划分推广站负责的区域，为农牧民提供多种方式的服务，同时利用网络、电话、面谈等手段接受农民的咨询。

4. 美国

美国主体部分位于北美洲中部，地处北纬25°～49°、西经73°～125°。拥有永久性草原2.35亿公顷，占国土面积的40%。草原资源中40%为国家所有，60%为私有草地。

美国建立了科研－培训－推广为一体的草原管理体系。国有天然草原主要通过租赁方式由私人承包使用，但承包使用者必选严格按照规定的放牧强度进行放牧利用。对私有草原，政府通过鼓励草原科学利用试验研究与示范，用数据和成效对草原私有主进行技术培训和公众讨论，使其接受草原合理利用的科学方法，进而使试验研究成果得到推广应用，弥补了国家法规方面对私有草原管理的缺失。

美国建立了不同层次、不同类型的（草原）自然资源保护区。由于60%以上的草原为私人所有，为保护生物多样性、为濒危野生动物提供生产环境，联邦政府出资买断了具有重要生态区位的草原，购买金额由第三方评估后谈判确定。联邦政府出资实施了农业管理资助项目、农业水源改善项目、环境质量评估项目、湿地保护项目及草原保护项目等众多旨在保护自然资源的项目，各州政府也在其财政预算中安排了自然资源保护费用。

美国以苜蓿为主的人工草地十分发达，饲草料作物种植面积大，畜产品主要来自舍饲养殖，因此天然草原放牧压力小，几乎没有超载现象，科研人员更多关注的是天然草原的生态环境保护而不是产草量，这也是美国草原生态环境得到很好保护的主要原因之一。

1934年，为解决公共草地过度利用问题，美国联邦政府制定出台的《泰勒放牧法》开启了公共草地持证经营的管理模式。美国虽然没有制定一部特别的《草原法》对草原使用、管理等各方面做出相关规定，但美国针对草原管理方面的突出问题制定了一系列具有较强指向性和有效性的普通法，如1978年颁布的《公共草地改良法》和1994年颁布的《草地革新法》等。在将草原视为重要的生产资料的同时，美国高度关注草原的自然生态属性，将草原作为重要的自然资源和环境影响因子来保护和管理，1960年颁布的《多用途和持续生产法》、1964年颁布的《自然保护区法》、1969年颁布的《国家环境政策法》、1973年颁布的《濒危物种法》、1976年颁布的《联邦土地政策与管理法》等法律中都涉及保护草原等自然资源的内容。尤其是1969年颁布的国家环境政策法，首次提出了环境影响评价制度，将人与环境和谐共处的关系法律化，为加强草原保护建设提供了法律支撑，也为草原生态评价和预警技术的发展与应用打下了坚实基础。

5. 英国

英国本土位于欧洲大陆西北面的不列颠群岛，处于北纬50°～58°、东经2°～西经7°。英国属海洋性温带湿润气候，全年气候温和，年均降水量1 100毫米。冬季温暖，夏季凉爽，季节温差变化小，夏天南部最高气温不超过32℃，最热的7月平均气温为13～17℃，冬天北部最低气温不低于零下10℃，最冷的1月平均气温为4～7℃。国土面积为24.4万公顷，东南部为平原，土地肥沃，适于耕种，北部和西部多山地和丘陵，适宜于发展畜牧业。在区域分布上，英国东海岸主要养牛，西海岸主要养羊。

英国农地利用和保护的中央政府主管部门是环境、食品和乡村事业部（Department for Environment，Food and Rural Affairs，简称DEFRA）。其主要职能是统一管理环境、农村事务和食品生产，重点负责农村、环境等政策制定，参与欧盟和全球相关政策制定。农地保护的主要措施：

一是进行农用地质量评价。把农业土地分类系统作为规划许可的基础，地方规划局在决定农用地是否利用时除了考虑质量外，还考虑环境或遗产属性、地块大小、经济效益等等因素。

二是制定政策鼓励土地改良，农场向大型化、规模化发展。对愿意合并的小农场，政府可提供50%的所需费用。对愿意放弃经营农业的小农场主，可获得2 000英镑以下的补贴，或领取终生养老金。政府除对农业进行直接投资外，还对农业基本建设（如土地改良、田间供排水设施）和自然条件较差的山区提供补助金。整治、改良土地可获60%的补贴；对农场主自己修建道路、堤坝、供电系统等则提供所需费用2/3的补助。对在土地条件较差的如高山地的农场以及改进农业工艺等也有奖励。英国每一个地区都设有不同类型的信贷机构从事农业信贷业务。

三是实行农产品价格保护政策。第二次世界大战后，英国政府对本国生产的各种农牧产品都规定了最低保证价格。如果这些农产品在本国市场上的实际销售价格低于最低保证价格时，差额由政府补贴。从而来调控农牧业生产，使之扩大或缩小经营规模，达到保护耕地的目的。不同农村地区不同的环境条件其农产品补贴标准不同，即按农民所在地区农业环境条件，根据农产品数量、作物面积、牲畜数目直接给农民进行补贴。如对威尔士和英格兰西部、中部养牛的补助为每年每头牛123.93英镑，种牛补助为每年每头牛90～130英镑（每个农场只能补助90头种牛）；对苏格兰、威尔士、北爱尔兰农村环境差的地区，每公顷农作物补贴220.5英镑；对英格兰及其他农村环境较好的地区，每公顷农作物补贴225.8英镑。

四是通过土地规划管理保护农地。国家规划政策指南第7部分(PPS7)——“乡村地区的可持续发展”中规定，对于1等、2等以及3A等级的农业用地，在决定开发申请时，会综合考虑该地块其他的可持续发展指标情况（包括生物多样件；景观质量；美学和传统价值；到达基础设施、劳动力市场和农产品市场的距离；是否有利于保护自然资源，包括土壤质量等)。当占用农用地确实不可避免时，除非较好等级的农用地与上述其他可持续发展目标有所冲突，否则地方规划机构不得占用这些高质量农用地，而应当选择质量稍次的农业用地（3B等和4等、5等农用地)。对于占用5公顷以上的绿地建房或者建150栋住房以上占任何面积的绿地，地方政府在批准规划许可前，必须通知中央政府，由中央政府给出指导意见。

五是制定严格的农村环境保护标准。先后制定实施了《饮用水指导法》《水法》《欧盟施用氮肥指导法》等措施，以研究解决农业发展与农村环境保护的衔接问题。2003年《水框架工作指导》规定，2015年所有的水均应达标。

六是对农村环境保护进行奖励。从2005年1月开始把以前给农场的种植和养殖补贴变为环境保护补贴，以鼓励保护环境和生物多样性的发展。

七是以税收支持环保。通过调整税收政策，引导农业向有利于环境保护和可持续发展的目标迈进。

八是先后制定了环境敏感区规划、守护田庄规划、有机农业生产规划、农地造林奖励规划和能源作物规划等各种农地环境规划来保护农地。

政府对土地和环境保护的补助，主要按照土地面积核定牲畜饲养量，核算补贴额度，一般给予150～200英镑/英亩（25～33英镑/亩）的土地补贴；在环境保护工程中，以签订合同的形式，按完成面积计算固定补助。英国环保工程合同有两种：一是五年合同。高地一年补助30英镑/亩，低地补助18英镑/亩。按要求做到：少用化肥；修建排水渠，保护水域；生物围栏；混播种植，增加豆科牧草和生物多样性；增加和保护蜜源植物；原生态环境不能破坏；保持地貌原样，不能铲平、破坏。二是针对非常重要或非常贫穷的生态地区签订的十年合同。此外，英国民众普遍具有很强的法律意识，认为草场保护建设、牲畜疾病防控均是牧场主应尽的责任，是生产过程中牧场应自觉承担的事情，政府也会检查草场是否退化，若草场破坏、退化则会受到重罚。因此牧场主会根据草场状况和饲养季节不同的需要进行补播改良，秋季贮草或购置草料。

6. 瑞士

瑞士位于欧洲中南部，北纬45°～47°、东经10°～5°。瑞士是个多山国家，位于阿尔卑斯山脉南缘，实行自由经济政策。瑞士国土总面积为412万公顷，森林面积108万公顷，约占全国面积的26%，草地面积94万公顷，约占全国面积的23%。农业用地中的3/4用于种植牧草与饲料，阿尔卑斯山区的农民更是几乎全部经营畜牧业，主要饲养牛、猪、羊和马。

瑞士所有经管农场的农民必须经过专业教育，持有“联邦农业技师证书”，18个州均设有农业学校，瑞士政府采取的一项重要的农业扶持措施是大力发展农业科学研究和技术培训。目前瑞士全国共有7所联邦农业科研站，分工明确，从事农业技术的研究与推广。瑞士政府相当重视农业生产的发展，对农业长期实施补贴政策，诸如对山区提供特别补助；对主要农产品提供价格补贴；限制和减少蔬菜水果的进口；对农民提供无息贷款；支持农业的机械化和专业化；加强农业科学研究和技术培训，重视农业知识普及。

7.俄罗斯

俄罗斯位于欧亚大陆北部，地跨欧亚两大洲，地处北纬43°～78°、东经28°～170°，草原面积625.65万公顷，土壤肥沃、资源丰富，由于跨越的自然地带丰富，各地的环境条件差异较大。俄罗斯主要草地类型为欧亚大陆草地、林间草地。俄罗斯政府在《俄罗斯联邦资源政策的任务和优先方向》中强调，要建立新的、以自然环境保护为目标的国家政策，使自然资源得到合理利用，减少对自然资源的破坏、污染和滥用。俄罗斯属于资源分散管理的国家，通过由政府或社会组建的协调机构来实现对资源的综合管理。目前，随着俄罗斯自然资源部职能的不断扩大，正在逐步把森林资源、野生动植物和环境、生态等管理职能合并进来，以强化相关职能，对自然资源进行更加有效的管理。俄罗斯自然资源部与联邦地籍局除负责资源管理，还对资源产业的发展通过立法、自然资源开发许可证管理、规划、权属登记、资源补贴、鼓励投资和税收等手段进行引导。俄罗斯注重草地建设和保护，以及高产饲料作物的栽培，利用遗传工程技术，进行牧草育种。近年来还加强了对草地资源的监测工作，并加大了草地生产机械化水平的提高和牧草调制与加工贮藏新技术的推广应用。

8.哈萨克斯坦

哈萨克斯坦位于中亚，地处北纬40°～55°、东经45°～85°。天然草地总面积约为1.84亿公顷，其中，打草场面积500万公顷，占草地总面积的2.75%；人工草地面积72.53万公顷，占3.99%，光热资源丰富。除北部地区外，多数草地可以全年利用。年产草量在8 000万吨左右。哈萨克斯坦的牲畜在天然草地获得的饲草占各类饲草总量的80%，个别地区可达90%。

哈萨克斯坦在草地资源保护利用措施上，一是重视牧草品种选育。哈萨克斯坦利用植物学、土壤学及生态学原理，筛选出一些在荒漠环境中恶劣条件下能够生存并取得稳产高产的植物群落，进行广泛耕种，以达到牧场改良和饲料增产的目的。荒漠研究所通过试验选出大约25种较有前途的植物，如黑白盐木、木地肤、2种猪毛菜、5种蒿草及其他一些灌木、半灌木和多种一年生、多年生的牧草。这些植物增加了饲料品种的多样化，营养成分也齐全，能增加牲畜的食欲，提高饲草的利用率。二是建立自然资源保护区。建于1926年的阿克苏–扎巴加林自然资源保护区是哈萨克斯坦最早的自然资源保护区。位于阿拉木图附近的伊列–阿拉图斯克禁猎区曾经是一个很大的自然资源保护区，可近几年其面积在都市化进程中急剧缩小，从而也渐渐失去了它以往的魅力。哈萨克斯坦已成立相关机构保护生物多样性。在1992年提出并于1994年批准签订了国家生物多样性协定，自1996年起，致力于制定国家生物多样性保护和可持续利用策略，1998年发布了哈萨克斯坦生物多样性保护和可持续利用报告。同时，哈萨克斯坦实施的国家环境行动计划的主要任务之一也是有关生物多样性保护。有关生物多样性保护机构包括：政府机构、学术机构、非政府机构、国际支持生物多样性保护项目等，但相关工作受到政府经费支持的制约。三是建立荒漠植被资源保护区。哈萨克斯坦荒漠植被资源保护工作包括保护具有重要经济和科研意义的野生植物。在采集这些植物时，一定要考虑到它们的天然恢复能力，否则，这些珍贵的植物资源会被采完消失。哈萨克斯坦荒漠区许多植物由于非常稀有而具有重要的科学意义，并被载入苏联和哈萨克斯坦的红皮书里。哈萨克斯坦保护珍稀和濒危植物种类的主要方法和措施就是使这些植物分布地不受侵犯，防止在人为作用下这些植物灭绝的可能性。

9. 日本

日本位于亚洲东部、太平洋西北，地处北纬31°～46°、东经130°～145.5°。依据国家和地区的土地利用情况，日本将土地按照一定的层次等级体系划分为若干不同的土地利用类别。在土地利用分类上主要依据四个原则：一是依据自然情况进行土地分级，同时考虑生产技术进行土地利用分类。二是依据地理位置，通过土地交通情况分级进行土地利用分类。三是以土地分级为基础推算土地纯收入，判断不同利用种类的经济效果。四是以土地分级为基础推算土地纯收入，判断土地利用的相对有利性。

日本保障国土综合开发规划、国土利用规划、土地利用基本规划、部门土地利用规划实施的手段和措施主要包括以下几个方面：

一是土地管理规划和实施。一方面依靠中央政府和地方政府，另一方面广泛动员地方公共团体、民间团体和居民积极参与，动员全社会的力量推动规划的实施。日本的土地65%为私有，35%为国家所有和公共所有，产权很明确，因此土地所有者很在乎其土地的保护和高效利用，也有对土地进行改良和基本建设投资的积极性，这在国土规划实施、资源管理和可持续利用中起到了重要作用。

二是日本政府在制定、实施有关土地利用规划时，十分重视依据法律手段保障规划工作的顺利开展和规划内容的具体实施，如国土综合开发规划实施的依据是《国土综合开发法》，国土利用规划的实施依据是《国土利用规划法》，土地利用基本规划实施的依据是《城市计划法》《农振法》《森林法》《自然公园法》《自然环境保护法》等。

三是为保障规划的实施，并使地方圈建设得以保证，财政部门在金融、税收方面给予优惠，以保障地方圈建设。有效利用民间力量，并保证公共投资适当分配。政府部门与民间部门密切合作，共同进行地方圈建设。

四是国土管理部门在不断完善土地利用的法律，并不断协调国土综合开发规划、国土利用规划、土地利用基本规划、部门土地利用规划之间的关系，保证规划的有效实施。

日本《农促法》和《农振法》的实施，适时地转变了耕地保护的思路，关注的重点不再是对耕地数量的严格管制，而是通过农地权利流转和规模化经营提高耕地的产出效益，以此实现资源保护与经济发展的相互促进。日本经验证明，在快速城市化背景下，仅靠管制和限制难以实现耕地保护的目标，而农地制度以及与之相互促进的各类用地协调制度、规划实施和政策保护则是实现耕地保护的重要途径之一。

为了提高规划的科学性，日本十分重视地理信息系统（GIS）和遥感（RS）在规划中的应用和历史数据的积累，同时不断探索适合本国国情的国土规划理论和方法，以增加规划的弹性和更好地实施规划。

10. 阿根廷

阿根廷位于南美洲南部，地处南纬21°～55°、西经52°～72°。国土面积的55%为牧场，农牧业发达，素有“粮仓肉库”之称，是世界粮食和肉类主要产出和出口国之一。根据地形、气候、植被等特点和不同的农业生态条件，阿根廷把全国划分为5个大型牧区：潘帕斯区、东北地区、西北地区、半干旱区以及巴塔哥尼亚区。养牛区主要分布在潘帕斯草原区。

在草地资源保护利用上，一是注重适用技术培训和技术推广。阿根廷无论是各种协会、学会还是科研、教学单位，均十分注重一些实用技术的培训和推广，培训和推广的对象就是农牧民和牧场主，而农牧民和牧场主也十分踊跃参加。二是注重家畜、牧草品种的优良化和本地化。阿根廷的家畜和牧草品种均实现了良种化，而这些优良品种基本是本地的品种。这些品种适宜当地的气候、土壤条件，又经过多年精心培育而成。三是畜牧业与农业的紧密结合。在农牧业都适合的潘帕斯草原地区，提倡农牧轮作以促进农牧两旺。阿根廷土地高度集中，一般农场或牧场都拥有几千公顷的土地。实行农牧轮作的办法是一处人工牧场先种4～5年的谷物，然后再改种紫花苜蓿等优质牧草，用来饲养牛羊，4年后再种植谷物，把牛羊转移到另一块由谷物改种牧草的地段。种了几茬谷物后的土地肥力减弱，再种有根瘤菌固氮作用的牧草，加上牛羊的粪便，使土质转肥，再种谷物就可不用或少用肥料，这也是阿根廷一般耕地基本上不施肥的原因。

（五）国外草原保护政策对新疆草原保护建设的启示

虽然世界各国在草原生态治理、草地管理措施等方面各有不同，但对于生态环境重要性和草地经济性状的认识则是统一的，而且也取得了很多共性的经验和做法。由于各国的体制机制有所不同，因此就立法和管理措施而言，国外与我们有着很多的不同。但从新疆草原畜牧业生产和发展方式转变的角度看，很多发达国家已有的经验也是可以借鉴的。

通过文献参考和对以上一些国家草原保护经验和做法的分析，我们得到以下一些启示。

启示一：利益相关者之间的沟通协调与分工合作是政策措施制定和顺利实施的重要前提。

草地生态经济系统与陆地上的其他生态经济系统之间有着千丝万缕的联系，草地生态经济系统内的各种资源之间也存在合作或竞争的关系，甚至于草地资源的不同用途之间也有着相互竞争的关系。世界各国的经济、环境及社会等各方面的状况决定了它们会采取何种模式来治理草原。因此，任何草原生态治理政策的出台都不能只考虑某一方面，而忽略各领域之间的相互影响。从国际经验来看，分散管理前提下建立协调机构实现综合管理职能只是一种替代手段，最终趋势还是从资源分散管理向集中统一管理过渡，它们可以同时对多种资源进行管理和协调。许多国家也进行了机构合并的改革，把若干种资源管理职能统一到一个资源管理部门下，进一步明确了各级政府之间、各个部门之间、各组织机构及个体之间在可持续发展方面承担的共同责任，使得不同层级政府和不同市场主体对可持续发展方面的每一项行动都有清楚的了解，从而能够区分各自的责任和义务。澳大利亚、美国、加拿大、俄罗斯这四个草原大国都曾经历了因草原退化而出现的严重的生态问题，从而强化了相应的管理机构和寻求立法方面的支持。澳大利亚有澳大利亚农业、渔业和林业部以及澳大利亚环境部，美国有内政部土地管理局和农业部，加拿大有大草原地区农牧场恢复管理局，俄罗斯有自然资源管理部。更重要的是，这些机构实施的是综合生态系统管理，或者说，它们可以同时对多种资源进行管理和协调。此外，国外实行的很多草原生态保护和防止土地退化的法律都是通过这些机构来执行，从法律执行和政府监管的角度来看，这都是有利于政令畅通的。

由此可见，各国在草地保护政策、措施的制定上都经历了从最初单纯保护到可持续发展的过程，在保护政策的变迁和发展中，对资源环境、植物生长特性和农业发展间的相互作用和影响的关注也在逐步加大，政策的目的性、指向性和可操作性也在不断提高和完善。

启示二：注重畜牧业生产和草地生态的平衡关系是畜牧业可持续发展的必要条件。

草地管理是一个宏大的社会系统工程，而不单纯是一个草地生态治理的过程，它包含着对不同生态功能的草地和林地、农田之间关系的充分认识，也包括对草地生态经济价值与矿产资源经济价值和人类社会长期形成的文化价值等内容的平衡考虑。目前，国内在草地管理研究方面没能很好地解决草原生态属性和经济属性之间的平衡关系，由此引起了生产和管理目标之间的冲突和矛盾。

从国外草地保护建设政策和项目的变化可以看出，保护计划的出台都是从国家高度来联合各部门的力量对生态和自然资源进行统一管护，他们的共同点是在草地和放牧管理中重视草场健康状况的评估，有自己的健康评估方法和流程，而且草原生态补偿政策具有普遍适应性和法律强制性，并对维护和改善草原生态系统服务者给予经济和非经济形式的补偿，实施的每一个项目不仅有其自身的目标，而且各项目之间还共同搭建形成了较为完整的草原生态治理框架，且所有这些计划和项目也都与种植、养殖生产者的经济利益相关。

各国的经验表明，草原生态治理不是一蹴而就的短期行为，政府不断积累经验，增进对有关问题的理解，对原有政策不断改进，才能推动草原生态治理，才能逐步提高认识水平。因此草原保护政策目标的确定也要随着畜牧业发展任务和环境的变化而做相应的调整。

启示三：强有力的科技支撑和完善的社会化服务体系是生态保护、经济发展和各项政策得以落实的关键所在。

先进的科学技术和管理方法在草业发展、草地治理等方面的应用，完善、有效的社会化服务体系建设都是每一个国家十分关注的内容。从以上这些国家的实践来看，他们对农场主的素质和资质都有着明确的规定和要求，因此农场主们也十分注重自身水平和能力的提升。无论是协会、学会还是科研、教学单位都十分注重适用技术的培训和推广，而培训和推广的对象主要以农牧民和农场主为主，瑞士所有经营农场的农民必须经过专业教育。新西兰按经济区划来设置教学、科研、推广等服务机构，各机构间分工明确，并与牧场保持密切联系；加拿大用10年时间制定了草原健康评价体系，按照草原状况确定时宜的载畜量标准，根据所在地资源条件合理确定科研重点、科学配置科研资源、统一规划研究重点，充分利用当地资源促进科研与生产的结合；澳大利亚鼓励农牧民采用先进技术并对所有用于农牧业生产的先进技术一律免税；美国建立了科研－培训－推广为一体的草原管理体系，用数据和成效对草原私有主进行技术培训和公众讨论，使其接受草原合理利用的科学方法，使试验研究成果得到推广应用；哈萨克斯坦利用植物学、土壤学及生态学原理，筛选出一些在荒漠环境中恶劣条件下能够生存并取得稳产高产的植物群落，进行广泛耕种，以达到牧场改良和饲料增产的目的。阿根廷的家畜和牧草品种均实现了良种化，而这些优良品种基本是适宜当地的气候、土壤条件，又经过多年精心培育而成为本地的品种。

虽然很多管理措施都是经过长时间的总结而得出的，一旦先进的管理理念与传统的知识充分结合，将会有助于草地管理水平的提高。

启示四：法律制度与公众参与是草原生态保护与畜牧业经济发展的重要保障。

从社会经济发展现状来看，工业化和城市化对草原资源减少以及生态退化的影响不容忽视。根据农业农村部草原监理中心的执法案件，就破坏草场情况来看，退牧还草远没有开垦、乱采滥挖等对草原造成的影响大。但目前中国草原执法机构很难解决相关问题。从美国及其他一些国家的经验来看，其草原资源管理是与矿产资源管理设置在一个机构之内，有利于对存在竞争关系的不同资源管理部门进行协调，而且美国把人与环境和谐共处的关系法律化，为加强草原保护建设提供了法律支撑，也为草原生态评价和预警技术的发展与应用打下了坚实基础，这一点是值得我们借鉴的。

从各国情况看，他们都意识到草原生态治理是一个大的系统工程，它并不是某个部门的职权范围，也不是专属于某些群体的权利，它的效果的实现必须依赖于整个社会的认识，特别是牧民们的广泛参与和传统知识的运用，因此在草地生态治理上都非常注重社会的广泛参与，特别是通过普通农牧民的参与，让他们理解草原保护政策的目的和意义，并主动接受生态治理的措施和方法。各级政府会检查草场是否退化，若草场破坏、退化则会受到重罚，因此民众也都有很强的法律意识，认为草场保护建设、牲畜疾病防控均是牧场主应尽的责任，是生产过程中牧场应自觉承担的事情，牧场主也会根据草场状况和饲养季节不同的需要进行改良和保护。国家在制定、实施有关土地利用规划时，十分重视依据法律手段保障规划工作的顺利开展和规划内容的具体实施。在不断完善土地利用的法律，并不断协调国土综合开发规划、国土利用规划、土地利用基本规划、部门土地利用规划之间的关系，保证规划的有效实施。

（六）完善新疆草原保护政策、措施的建议

新疆地处亚欧大陆腹地，位于北纬34°22′～49°33′，东经73°41′～96°21′，受阿尔泰山、天山、昆仑山和阿尔金山山体和气候的影响，天然草地分布具有鲜明的垂直地带性分布规律，在草地利用上也具有鲜明的季节性特点。新疆境内分布隶属于草原（包括温性草甸草原、温性草原、温性荒漠草原、高寒草原）、荒漠（包括温带荒漠、草原化荒漠、高寒荒漠）、草甸（包括低地草甸、山地草甸、高寒草甸）、沼泽四大草地类组的11个类、25个亚类、131个组、678个型，涵盖了温带地区的全部草地类型。

从管理角度来说，既要依据行政界限实施属地管理，还应遵循自然和生态经济学的规律，从生态经济学研究的基础上进行草地管理，根据不同的地带、不同类型和不同的保护与利用方式，用科学的方法制定适宜的管理、保护与利用制度和措施是当前新疆急需研究解决的一个重大课题。

参考国外畜牧业发展中草原保护与治理政策、结合新疆草原保护实施情况，总结出以下对策建议：

1. 依据《中华人民共和国草原法》建立健全草原监测系统和草场健康评估体系，为搭建资源、信息共享平台，实现各项机制协调运行，为宏观管理提供科学决策提供依据

与其他生态经济系统一样，草原也是一个完整的生态经济系统，在这一系统内，草、畜、人之间是互相影响、共生共存的关系。要想真正实现草地生态环境改善，要想把那些具有一定内在关联的资源放在一起

进行综合管理，这也是当前国际自然资源管理体制的发展趋势之一。发达国家各层级都有环境监测机构，而我国几十个生态站分别隶属于中国科学院、农业农村部、国家林业和草原局和教育部等。新疆的机构设置也是如此，这种机构设置不仅造成技术资源分散，而且发挥的作用也比较小。中国草原面积大，类型多，可以考虑根据不同的生态功能片区来设置生态环境监测机构，做到随时跟踪。

因此建议：**依据《中华人民共和国草原法》建立草原监测调查的长效机制，从资金和技术上**充分保证草原监测工作的有序开展。建议利用现代信息技术，尽快开展草地二调工作，摸清草原底数，完善新疆草原基础信息资源库；运用和完善现有草原监测系统，从传统的单一门类资源管理转向系统资源管理，并加强与国土资源厅、发改委、财政厅、林业厅、环保厅等在土地管理、项目审批、资源管理和生态环境管理等方面的合作，建立共享机制和共享平台，实现监测信息和资源利用的最大化；科学制订草原分类及健康标准，建立草场健康评估体系，针对不同草原健康状况，建立科学有效的放牧管理标准、完善草原生态建设补偿机制，开展不同治理措施和管理方法的研究与应用，将草原生态评价和预警技术充分应用于生产实践之中。

2.建立草原保护建设利用的长效机制，科学、规范管理草原，同时注重全民参与，加大草原执法力度

建议在政策制定上，建立紧密的各部门联合机制，制定切实有效的草地建设保护利用规划，充分利用经济政策来协调草地资源保护和草产业发展之间的关系，形成长效机制。可以借鉴美国、加拿大、澳大利亚等国的经验，开展草地资源利用的经济约束政策、草地资源保护的经济支持政策以及草产业的协调发展政策等相关研究，结合新疆生态和经济发展实际，建立草地生态系统可持续发展管理体系，有效处理和协调社会发展中经济与生态问题间的关系；在草地确权和基本草原划定的基础上，进一步明晰产权，落实责任人，健全责任划分及奖惩机制，监管与奖惩结合，提高执行效力，利用优惠政策引导草场承包人合理有效使用草场，加强对基本草原的保护与管理，加大草原保护执法力度，做好草原方针政策、法律法规、草原的功能与作用等方面的宣传，加强草地保护与生态治理的培训，提高农牧民自觉遵守草原保护的法律意识和自觉性，切实把草原保护管理的各项制度措施落到实处，形成常态化，促进草原可持续利用和生态、经济、社会协调发展；注重全民参与和农牧民生产、管理及经营水平的提升，提高农牧民自觉遵守草原保护的法律意识和自觉性。

3. 加大科技支撑和投入力度，深入研究保护与利用的平衡关系，达到草原永续利用的目的

建议持续加大政府扶持和研究经费投入力度，以项目带投入，以投入带保护，以保护促发展，以科技为导向，完善草地管理体系的分类标准，开展针对不同草原生态经济类型区的治理措施和保护性开发利用的研究；开展草畜平衡与畜牧业适度规模经营及草畜联营市场化、产业化发展的研究；采用现代化科技，扩大应用国内外先进的品种改良、草地利用与建设管理配套技术，大力推广应用草业发展、草地治理、病虫害防治等方面实用的科技成果，提高草地建设科技含量的管理水平，以利于草地管理目标的实现并适应畜牧业发展的需要。

4. 完善社会化服务体系，促进草产品的市场化发展和草畜联营的产业化发展

草业是生态型产业，具有明显的公益性，必须要联合管理、科研、推广等相关机构，形成有效的社会化服务体系，探索市场化多元投入机制，鼓励社会资本特别是养殖等企业进入草业，实行市场化、企业化、产业化经营。建议针对不同类型草原健康情况，建立不同示范区，按经济区划定向定点开展对应服务，围绕提高草原生产能力，增强生态保护功能，重点推广现有有效科技成果的示范与应用，用数据和成效对草原承包人进行技术培训，使其接受草原合理利用的科学方法，发挥主动性，进而使试验研究成果得到有效推广应用。制定有效协作机制，规范服务范畴与具体内容，形成定期定点定量服务模式，跟踪服务结果，分析问题总结经验，不断提升服务效率。

中国，特别是新疆草原与欧美等发达国家的草原类型不同，且在这类草原的管理方面，世界上也无多少管理经验可循，更多的是国际草原草地研究界所提供的一些理论，其科学性和适用性既要取决于国内科学界的实证研究，还要取决于管理层对于相关理论的认识和吸收程度。新疆地域辽阔，草地也存在南北疆差异和类型差异，应视情况不同制订不同的管理制度。

总体而言上，国际经验需要有甄别地借鉴和引进，当前对于我们来说比较超前的一些国际经验可以做了解和动态把握，但更多是要结合新疆的区情和实际，总结、区分不同经济发展水平和不同的农牧业集约化程度下的管理措施并有选择地进行引进和采用。

参考文献

安琪尔，2015．关于锡林郭勒盟新型农牧业经营主体的调查与思考 [J]．内蒙古科技与经济（12）：13-15．
陈海燕，2014．中国畜牧业政策支持水平研究 [D]．北京：中国农业大学．
陈俊科，马永仁，王惠，等，2015．新疆畜牧业发展竞争力评价研究 [J]．草食家畜（1）．
陈伟生，2012．统一思想，增强认识，全力以赴抓好畜牧良种补贴项目落实 [J]．中国畜牧业（14）：23-27．
成霄霞，2019．日本农业生产法人制度对我国培育新型农业经营主体的启示 [J]．山东农业大学学报（社会科学版），02：98-102．
程恩富，孙业霞，2015．以色列基布兹集体所有制经济的发展示范 [J]．经济纵横（3）：62-68．
顾艳阳，2019．日本农业经营体系构建及发展对我国农业规模经营的启示 [J]．农村经济与科技，11：32-33．
李捷，王惠，许承云，2014．新疆主要肉类生产比较优势与区域布局 [J]．山西农业科学（5）．
李金亚，2014．中国草原肉羊产业可持续发展政策研究 [D]．北京：中国农业大学．
李冉，沈贵银，王莉，2015．我国畜禽良种补贴政策实施情况 [J]．中国畜牧业（5）：30-32．
李尚玲，2009．内蒙古自治区草原畜牧业补贴研究 [D]．呼和浩特：内蒙古农业大学，5．
李岩，2012．黑龙江省农业补贴政策研究 [D]．哈尔滨：东北林业大学，4．
蔺全录，包惠玲，王馨雅，2016．美国、德国和日本发展家庭农场的经验及对中国的启示 [J]．世界农业，11：156-162．
马永仁，王惠，李捷，2014．新疆畜牧业生产区域比较优势研究 [J]．草食家畜（6）．
马永仁，王惠，李捷，2015．现代畜牧产业经济联合体集聚效度分析 [J]．草食家畜（6）．
马永仁，徐文修，朱美玲，等，2010．TOPSIS法在设施农业种植模式综合评价中的应用 [J]．新疆农业科学，47（12）：2367-2370．

穆月英，王艺璇，2008．我国农业补贴政策实施效果的模拟分析 [J]．经济问题（11）：87-89．

农业部，2016．农业部发布2016年国家畜牧业补贴政策 [J]．北方牧业学（4）：35．

冉元智，2010．对我国畜牧业扶持政策的思考 [J]．畜牧市场学（12）：15．

邵科，段晋苑，2014．新型农业经营体系的内涵、特征与构建对策 [J]．现代农业（2）：15-17．

时悦，2019．美国家庭农场发展经验及其启示 [J]．世界农业（2）：40-44．

王惠，李捷，2017．伊吾县农业现代化发展现状 [J]．黑龙江农业科学（1）．

王惠，李捷，马永仁，等，2018．新疆畜牧业经营主体扶持政策效果分析 [J]．山西农业科学，46（1）．

王惠，马永仁，李捷，2014．新疆N42°～44°纬度带典型县市畜牧业生产优势比较 [J]．农村经济与科技（8）．

王惠，马永仁，李捷，2014．新疆N42°～44°纬度带典型县畜牧业生产差异性比较 [J]．黑龙江农业科学（10）．

王娇，朱美玲，陈俊科，等，2017．水资源要素对农牧民收入的影响分析 [J]．中国农村水利水电（6）：197-199．

王志刚，2012．当前畜牧业相关政策介绍 [J]．北方牧业（5）：34．

卫荣，高忠敏，王秀东，2016．美国农场规模、收入及对我国的启示 [J]．中国食物与营养，22（4）：19-23．

夏尚远，2013．枣庄市新型畜牧业经营主体的发展现状、存在问题及建议 [J]．山东畜牧兽医（10）：88-89．

新疆维吾尔自治区财政厅农业处课题组，2012．T支持新疆畜牧业发展的财政政策研究 [J]．理财经纬（7）：5-7．

游锡火，2019．澳大利亚农业发展经验对中国农业发展的启示 [J]．安徽农学通报，06：4-5，52．

张宏霞，李家宣，2015．中国人民银行乌兰察布市中心支行对乌兰察布市新型农牧业经营主体融资情况的调查 [J]．北方金融（7）：66-68．

张宏霞，李嘉宝，2015．对乌兰察布市新型农牧业经营主体融资情况的调查 [J]．农牧金融（7）：66-67．

张力，刘中杰，2015．压力环境中农业集体组织的结构变迁 [J]．农村经济（3）：7-12．

赵颖文，李晓，彭迎，2019．美国家庭农场的发展经验及对中国的启示 [J]．中国食物与营养（2）：5-10．

图书在版编目（CIP）数据

新疆新型牧业经营主体培育发展研究 / 李捷，王惠，王琼主编. —北京：中国农业出版社，2021.10
ISBN 978-7-109-27446-4

Ⅰ. ①新… Ⅱ. ①李… ②王… ③王… Ⅲ. ①畜牧业—经营管理—研究—新疆 Ⅳ. ①F326.374.5

中国版本图书馆CIP数据核字（2020）第195437号

中国农业出版社出版
地址：北京市朝阳区麦子店街18号楼
邮编：100125
责任编辑：张艳晶
版式设计：杨 婧 责任校对：周丽芳
印刷：北京中兴印刷有限公司
版次：2021年10月第1版
印次：2021年10月北京第1次印刷
发行：新华书店北京发行所
开本：720mm × 960mm 1/16
印张：14.75
字数：260千字
定价：78.00元